센터링 침묵기도와 영적 여정

센터링침묵기도와 영적여정
Manifesting God

초판 1쇄	2007년 11월 30일
초판 2쇄	2019년 8월 10일
지 은 이	토마스 키팅
옮 긴 이	권희순
발 행 처	은성출판사
출판등록번호	1974년 12월 9일 제9-66호
	ⓒ 2007년 은성출판사
주　　소	서울시 강동구 성내동 538-9
전　　화	(02) 477-4404
팩　　스	(02) 477-4405
홈페이지	www.eunsungpub.co.kr

ISBN 89-7236-350-7 33230
값은 뒷표지에 있습니다.

출판 및 판매에 관한 모든 권한은 본 출판사가 소유하고 있습니다.
은성출판사의 사전 서면 허락 없이 상업적인 목적으로 번역, 재제작, 인용, 촬영, 녹음 등을 할 수 없음을 알려 드립니다.

Manifesting God

Thomas Keating

센터링 침묵기도와 영적 여정

토마스 키팅 지음
권희순 옮김

이 책과 다른 프로젝트를 도와준
보니 쉬미즈(Bonnie Shimizu)의
헌신과 수고에 감사하며

역자 서문

　센터링 침묵기도는 새로운 것도 창조된 것도 아니다. 이 기도는 모든 기도하는 사람들이 알고 체험한 것으로 논리적 기도와 정감적 기도에서 관상기도의 단계로 발전하면서 자연스럽게 나타나는 기도이다. 이것은 기독교 관상기도 전통과 성경에 뿌리를 두고 있는데 불행하게도 기독교는 이러한 차원의 깊은 기도를 거의 500년 이상 가르치지 않았으며 봉쇄수도원에서 기도만 전념하는 영적 엘리트들만이 하는 기도로 이해해 왔다.

　센터링 침묵기도는 관상으로 인도하는 전통적 기도의 부활이며, 전통적 관상기도를 현대적 방법으로 제시한 것이다. 살아계신 하나님과 만나는 이 기도 방법은 자신의 영혼의 중심으로 들어가는 것이며, 그곳이 바로 하나님께로 넘어가는 지점이다.

　센터링 침묵기도는 내적 고요함을 만들고 우리의 내면 깊은 곳에 현존하시는 하나님께 주의를 기울이며 초점을 맞추고 성렇게 우리 자신을 열도록 돕는 수련이다. 그러므로 엄밀한 의미에서 센터링 침묵기도는 관상기도가 아니라 관상으로 들어가도록 준비하는 기도이다. 그러나 광범위한 의미로 본다면 센터링 침묵기도는 관상기도라는 사다리의 첫 단계이므로 관상기도라고 볼 수 있다.[1]

토마스 키팅(Thomas Keating)은 센터링 침묵기도의 방법을 현대 심리학적 모델과 기독교의 전통적 영적 여정과의 대화를 통해 발전시켰다. 전통적 영적 여정은 영적 발달 단계라고도 말하는데 많은 영성가들이 그 길을 갔으며 가르쳤다. 즉 정화, 조명, 일치의 길이다. 이것이 현대인들에게는 감이 멀고 소통이 잘 되지 않기 때문에 키팅은 이것을 현대인들이 잘 이해할 수 있는 상처, 치유, 회복이라는 현대 심리학의 패러다임으로 소개하고 있다. 키팅은 초대 교부들, 아빌라의 테레사, 십자가의 요한(John of the Cross)의 전통적인 기독교 지혜와 현대 영성심리학(Transpersonal Psychology)의 선구자인 켄 윌버(Ken Wilber), 마이클 워시번(Michael Washburn), 발달 심리학자인 피아제(Jean Piaget)의 통찰력과 이론을 잘 통합하여 센터링 침묵기도를 설명하면서 영적 여정을 상처, 치유, 회복의 길인 심리적/영적 패러다임(psycho-spiritual paradigm)으로 설명

---

[1] Thomas Keating, *Open Mind Open Heart*(NY: Continuum, 2004), 34.

했다. 그래서 그는 센터링 침묵기도를 "하나님의 테라피"(Divine Therapy)로 소개한다.

최근 심리학자들에 의해 센터링 침묵 수련 후에 사람들은 더 많은 하나님 사랑과 현존을 경험했고, 더 많은 평화를 얻었으며, 심리 치유에서 다루어야 할 많은 문제들이 치유되고 심리적으로 성장했으며, 그들의 삶에 많은 변화를 가져오는 데 도움이 되주었다는 연구 결과들이 나오고 있다.2) 필자 자신도 많은 치유와 영적 인격적 변화를 경험하고 있으며 필자가 그동안 센터링 침묵기도를 나누면서 함께 수련하는 사람들로부터 역시 자신들의 삶 속에 많은 변형이 일어나고 있다는 보고를 받고 있다.

키팅은 이와 같은 심리적 과정을 우리 영혼의 "어둔 밤"과 전통적 아포패틱의 영성(Apophatic spirituality)3)을 소개하는 십자가 요한의 "어둔 밤", "무지의 구름"과 연결하여 설명하고 있다. 우리의 사고, 말, 느낌과 개념을 넘어서 "하나님 안에서의 쉼"인 무지의 구름 안으로 들어갈 때 우리 일생의 정서적 상처가 치유, 정화된다는 것이다. 센터링 침묵기도를 할 때 이 상처들이 점점 우리 의식의 표면 위로 떠오르고 그것들을 하나님께 맡기고 내려놓게 됨으로 점점 거짓 자아는 약화되고 참 자아가 나타

---

2) Judith Kuiper, *The Experience of Centering Prayer: A Heuristic Inquiry,* Unpublished Ph. D. dissertation of The Union Institute and University, (Cincinnati, Ohio, 2004), 54-87.
3) 부정의 영성 혹은 무념적 영성이라고도 한다.

나게 된다고 설명한다. 키팅은 이것을 우리가 그리스도의 모습으로 성화되는 변형의 일치(transforming union)로의 과정이라고 설명했다.

영성가들은 관상기도를 성화를 위한 하나님의 초대에 응답하는 필수적인 기도로 소개한다. 아돌프 탠쿼리(Adolphe Tanquerey)는 "관상기도는 많은 빛, 많은 사랑, 많은 성령의 열매를 가져온다. 그러므로 관상기도를 완전에 이르는 왕도라고 부르는 것이 합당하다"고 했다.4) 침묵 속에서 하나님 안에서의 쉼을 갖는 관상기도를 정기적으로 시간을 따로 내어 해야 하며 하나님 현존을 알아차리기 위한 어떤 다른 지름길은 없다고 필자는 믿는다.

사막의 교부와 교모들(desert fathers and mothers)은 영적 완전의 상태를 아파세이아(*apatheia*)라고 했다. 이는 거짓 자아의 정서적 강박의 짐에서 벗어난 영적 자유의 상태이다. 이와 같이 관상기도는 아파세이아로 인도하며, 이것은 모든 기독교인들이 회심한 후 성화를 향해 가야 할 목표이다.5) 에바그리우스(Evagrius Ponticus)도 역시 기도에 관하여 *Praktikos*에서

---

4) Adolphe Tanquerey, *The Spiritual Life: A Treatise on Ascetical and Mystical Theology*, trans. by Herman Branderis (Belgius: Society of St. John the Evangelist, 1930), 659.

5) Diogenes Allen, *Spiritual Theology: The Theology of Yesterday for Spiritual Help Today* (MA: Cowley Publications, 1997), 80.

아파세이아는 아가페(*agape*), 무조건적 사랑으로 인도한다고 했다.6) 이와 같이 우리 안에 그리스도의 현존과 역사하심에 대한 열망은 관상의 차원으로 양육된다. 성화의 여정은 우리의 의식적인 결단이 아니라 내적 과정을 통해 정화가 이루어지는 것이라고 에바그리우스는 언급하고 있다.

이 시대에는 영적인 깊은 목마름이 있다. 그래서 많은 이들이 영성을 말하고 있다. 교회가 이런 영적 목마름을 해갈시켜 주지 않으면 기독교인들은 다시 길을 잃어버리고 다른 종교적 영성을 찾아 방황할 것이다. 특별히 이 시대는 센터링 침묵기도와 같은 관상기도 차원의 영성이 절실히 필요하다. 센터링 침묵기도와 같은 관상기도 수련을 통해 영성이 형성된 목회자는 자신의 삶뿐 아니라 교회를 다르게 변화시킬 수 있다고 확신한다.

센터링 침묵기도는 필자로 하여금 진정으로 영적 여정을 떠나도록 도와주었다. 주님을 따르겠다고 결단하고 목사가 되고 교회를 섬기는 목회자가 되었지만 가는 길을 안내 받지 못해 영적으로 방황하면서 살았던 때를 필자는 기억한다. 센터링 침묵기도를 만나고 수련하면서 기독교인으로서 마땅히 가야 할 영적 여정으로 안내를 받게 되었으며, 이 단순한 기도 속에서 그동안 신학과 심리학을 통해 진리를 추구하며 찾아 갈구하던 답을

---

6) Evagrius Ponticus, *The Praktikos Chapters On Prayer,* trans. John Bamberger (Kalmazoo Mich: Cistercian Publications, 1981), 36-37.

얻었다. 그래서 필자는 담대하게 그리고 열정적으로 이 기도를 소개하고 있다.

"침묵은 하나님의 언어이다. 그 외의 모든 것은 어설픈 번역이다."(마이스터 에카르트) 이 시대의 교회에 침묵인 하나님의 언어가 어느때 보다도 더 절실히 필요한 때가 아닌가 생각하며 이 작은 책이 도움이 되길 소망하고 기도하며 번역하였다.

필자는 지난해 토마스 키팅이 살고 있는 미국 콜로라도 주 스노매스 수도원에서 10일간 센터링 침묵기도 집중수련회에 참석했다. 그때 토마스 키팅을 보좌하는 보니 쉬미즈를 만날 수 있었다. 그녀는 토마스 키팅이 이 작은 책을 쓰는 데 가장 오랜 시간이 걸렸다고 전해주었다. 작지만 센터링 침묵기도에 관해 심도 있게 요약한 책이다. 이 책을 번역하면서 무척 즐거웠다. 이 책을 읽는 모든 분들과 이 즐거움을 함께 나누고 싶다. 이 책을 번역하고 교정하는 데 도움을 준 모든 분들에게 진심으로 감사를 드린다.

2007년 8월에
냉천동에서 역자 권 희 순

차례

서문	17
1. 하나님과의 교제로서의 기도	21
2. 큰 잔치의 비유	35
3. 누룩의 비유	45
4. 용서	53
5. 가장 좋은 길	57
6. 영적 여정의 은유로서의 "유대인"과 "헬라인"	69
7. 하나님과 춤을	81
8. 하나님의 내주하심	89
9. 그리스도의 구속의 가치	95
10. 은밀한 기도	111
11. 골방기도의 효과	125
12. 하나님의 테라피란 무엇인가?	135
13. 정화의 과정	147
14. 관상기도의 단계들	159
15. 시대적 징후에 대한 응답	171
부록 1: 순수한 기도	189
부록 2: 센터링 침묵기도의 방법	191

서문

 어느 종교든 그 종교를 나타내는 외적인 것들과 예진(ritual)들에 충실하다고 해도, 관상(the contemplative)의 차원을 거부하는 것은 종교 자체를 거부하는 것이다. 왜냐하면 관상의 차원이야말로 모든 종교의 핵심이며 영혼이기 때문이다. 관상은 보다 높은 차원의 의식으로 우리를 인도한다.

 잘 알려진 종교들의 예를 들어 보면 베다, 우파니샤드, 불교와 힌두교의 경전들, 코란 그리고 신·구약성경의 위대한 지혜와 가르침들은 이러한 진리를 증언하고 있다.

 바로 지금 지구상에 약20억의 기독교인들이 살고 있다. 만일 그들 중에 많은 사람들이 복음의 관상적 차원을 받아들인다면, 지구촌은 강력한 파도와 같은 영원한 평화를 경험하게 될 것이다. 만일 기독교의 관상적 차원이 소개되지 않는다면, 복음을 올바르게 설교하지 않는 것이다.

그렇다면 기독교의 관상적 전통이 전하고자 하는 메시지의 핵심은 무엇인가? 그것은 예수가 아바(Abba) 아버지(궁극적 실재)에 대해 가졌던 경험이다. 성만찬, 예전, 교리와 금욕적 실천들, 목회, 자비 행위, 다른 이들을 위한 봉사, 그리고 모든 종류의 기도들은 모두 이 경험으로 향하게 되어 있는데, 예수가 "은밀한 중의 기도"(마 6:6 참조)라고 부른 것이 그 경험에 접근하는 가장 좋은(privileged) 방법이다. 이 수련이 후에 기독교 전통에서 "관상"으로 알려지게 된 것이다.

센터링 침묵기도는 사막의 교부들과 교모들(the Fathers and Mothers of the Desert)이 해석하고, 4세기 존 카시안(John Cassian)이 기록했던 고대 관상기도 수련을 현대적으로 표현한 관상기도이다.[7] 카시안은 이러한 가르침을 서방에 심은 사람이다. 6세기에 관상적 전통에 의해 생겨난 성 베네딕트 규칙과 수도원 직제 안에 그 가르침이 잘 표현되어 있다. 우리 시대는 이러한 기도가 다시 부활되기를 기다리고 있다. 기독교인은 모두 같은 세례를 받았으므로 수도사들이나 일반 기독교인들 누구나 관상기도를 할 수 있는 권리가 공히 주어졌다.[8]

---

[7] *Conferences of Cassian,* trans. by Colm Luibheid, Classics of Christian Spirituality, Paulist Press, 1985.

[8] 기독교는 그동안 영적 엘리트 그룹에 속하는 수도사들, 특히 봉쇄 수도원에서 수도하는 수도사들만이 관상기도를 할 수 있다고 믿었으며, 반세기 동안 이 기도를 가르치지 않았다. 그러나 사실은 예수를 그리스도로 고백하며 세례 받은 사람은 누구나 관상기도를 할 수 있다는 의미이다(역자 주).

사복음서에는 궁극적 실재와 우리 자신과 다른 이들, 그리고 사실상 모든 피조물에 대한 우리의 이해를 근본적으로 바꾸려는 예수의 혁명적인 가르침이 있다. 매 순간 현존하시는 분, 우리 안에 우리를 통하여, 그리고 모든 피조물을 통하여 드러나시는 그분이 하나님이시다. 예수의 가르침은 우리로 하여금 이러한 우주적 진리에 참여하도록 비법을 전수하였다. 인류에게 있어서 온전한 인간이 되도록 하는 도전, 그것은 가장 강력한 도전이다. 왜냐하면 온전한 인간이 된다는 것은 하나님과 같이 온전하게 되는 것이기 때문이다.9)

---

9) 하나님의 전지전능과 같은 속성을 가진 완전히 힘 있는 신이 된다는 말이 아니라 잃어버린 하나님의 형상과 속성을 온전히 회복하여 완전 성화를 이룬다는 말이다.(역자 주).

chapter 1

하나님과의 교제로서의 기도

우리가 하나님에 관해서 말하는 모든 단어는 그 단어가 본래 함축하고 있는 것 이상의 의미를 포함하고 있다. 보다 정확히 말해서, "하나님"이라고 말하는 것은 또한 "하나님"이 아님을 말하는 것이다. 토마스 아퀴나스(Thomas Aquinas, 1225~1274)가 가르친 바와 같이, 우리가 하나님에 대해서 무엇이라고 말을 하든, 그것은 하나님에 대해 아무 말도 하지 않는 것보다 낫지 않다는 것이다. 만약에 우리가 어떤 것을 말했다면, 그것은 단지 언어로 결코 표현될 수 없는 어떤 신비(Mystery)를 지목하여 가리키는 것에 불과할 것이다. 언어가 할 수 있는 모든 것은 그저 그 신비의 방향을 가리키는 것이다. 그것조차도 잘못 이끌 수 있다. 왜냐하면 우리의 언어는 이미 여기 존재하고 있는 하나님을 올바르게 가리키지 못하기 때문이다.

기독교 전통 가운데에서 우리가 "하나님"이라고 부르는 궁극적 실재에 보다 친밀해진다는 것은 예수가 그의 가르침 속에서 표현했던 확증과 도전이다. 그가 가르침을 시작했을 때 말한 첫 번째 말씀은 "회개하라"(마4:17)이다. 이 말씀은 죄를 뉘우치는 수련이나 외적 실천을 의미하는 것이 아니라, 당신이 행복을 추구하는 방향을 전환하라는 의미이다. 예수의 가르침은 명백하게 우리의 현재 삶의 방향이 행복을 찾을 수 있는 곳으로 이끌지 못하고, 또한 하나님을 발견하게도 못한다는 의미이다.

　복음의 관상적 차원은 진정 "물질이 아닌"(no thing) 존재 자체로서의 궁극적 실재와 친밀해지기 위한 그리스도의 프로그램이다. "물질이 아님"(no thing)은 특정한 것도, 개념이나 느낌도, 육체적 경험도 아님을 의미한다. 하나님은 그저 그 어떤 한계도 갖지 않으신 존재이다(just is). 그리고 이러한 "있음"(Is-ness)과 연결되는 방법은 또한 그저 있는(be) 것이다.

　문제는 우리가 우리라고 생각하는—성공, 사회적 지위, 명예, 권력, 애정과 존경, 강박과 중독 등의 개인적인 프로그램들로 가득 찬—사람은 진정한 우리가 아니라는 것이다. 그리고 우리는 우리가 생각하던 우리가 아님은 물론이요, 다른 사람들도 우리 혹은 그들이 생각하는 그들이 아닌 것이다. 우리의 인격과 다른 사람들의 인격, 그리고 우리 내면과 주변 세계의 실재에 대한 우리의 판단은 대부분 부정확하다. 우리는 모든 것을 거꾸로, 혹은 완전한 무지의 관점에서 보고 있다.

　금세기의 시작부터 많은 사람들을 당황하게 하는 물음은 바로 하나님은 누구인가 하는 것이다. 만약 이 질문이 너무 추상적이라면, 이것은 또 다른 방식의 물음으로 제시될 수 있다. 즉 하나님과 당신의 관계(relationship)는 어떠합니까?

　하나님과 우리의 관계를 묻는 질문은 매우 중요하다. 물론 사람들 사이에도 그러하듯이 하나님과도 많은 교제의 차원과 관계들이 존재한다. 마치 "지금 나를 재워주세요"라고밖에 말하지 못하는 어린아이가 어른들에게 마음을 열듯이, 가장 중요한 것은 하나님은 우리와 아주 친밀하시다는 것이다. 하나님은 모든 진실한 기도에 기뻐하시면서도 우리와 하나님과의 교제가 보다 발전해서 우리의 기도가 어린아이처럼 그저 밤을 잘 지내기 위한 것에 그치는 것이 아니라 하나님과 동행하며 매일의 삶을 살아가기를 바라시는 것과 같다.

　토마스 아퀴나스는 하나님은 현존하시며, 따라서 존재하는 모든 것 안에 현존하신다고 가르쳤다. 만약 하나님이 모든 곳에 현존하신다면, 그것은 어떤 상황에서도 우리가 하나님으로부터 분리될 수 없음을 의미한다. 우리는 그분의 현존을 느낄 수 있으며, 우리가 우리 자신임을 생각할 수 있다. 사실상 우리가 아무리 노력하더라도 하나님으로부터 분리될 수 있는 방법은 없다. 참으로 하나님은 어떤 경우에는 그분이 휴가라도 떠나시기를 바랄 정도로 항상 현존하신다.

욥의 이야기

하나님의 종 욥의 경우가 이와 같다(욥 1:1-12). 이 잘 알려진 이야기에서 욥은 대단히 부유하며, 동료들에게 많은 존경을 받고, 모든 악을 멀리하는 사람으로 묘사된다. 하나님은 사탄에게 그가 소유하고 있거나 소중히 생각하는 것들을 파괴하도록 허락하신다. 그의 불행이 더해 갈수록 그의 불평도 더해 간다. 다음 구절은 그러한 상황을 잘 요약하고 있다. "저는 이제 충분하다구요. 저에게서 눈을 돌려서 변화가 필요한 다른 사람을 찾아보시지요"(욥 7:19 참조).

사탄의 사악한 영향력 아래 욥의 고난은 더해 가고, 그는 격분하게 된다. 누구도 하나님을 욥보다 더 끔찍한 엄청난 과실을 범한 하나님으로 비난한 적이 없다. 예를 들어 그는 하나님이 무죄한 사람들의 살인자라고 당당하게 단언한다. 우리는 하나님이 "이 비천한 진흙덩이 인간아! 누가 너를 나를 판단할 수 있는 자리에 앉혔느냐?"라고 응답 하시면서 그를 산산조각 내버리실 것이라고 기대하게 된다. 하지만 하나님은 욥에게 즉시 대응하지 않으신다. 그분은 기다리시며 욥의 모든 불평과 비난을 참을성 있게 들으신다.

마침내 욥은 인내심을 완전히 잃고 터무니없는 요구를 하기 시작한다. 이는 다음과 같이 풀어서 바꾸어 말할 수 있다. "나는 내 인생이 법정 앞에 서길 원합니다. 나는 전능자 하나님을 정의로 판단하는 법정으로 끌어내길 원합니다. 그는 나를 잔인하게 벌했지요. 나는 아무 잘못도 하지 않았는데 말입니다." 욥이 잘 나갈 때의 친구들(데만 사람 엘리바스, 수아 사람 빌닷, 나아마 사람 소발—듣기 좋게 말하면 "위로자들"[욥2:11])은 그가 엄청난 죄를 범한 것이 틀림없으며, 그러지 않고서야 이러한 지독한 고난이 감해지지 않을 리가 없다고 그에게 계속 말했다. 이 냉정한 위로자들은 고통이 항상 죄의 대가라는 그 시대에 유명했던 이론을 가지고 있는 것이다. 하지만 욥은 자신의 무죄를 주장한다. 그는 자신이 무죄라는 것을 안다. 그는 그의 양심이 모르는 잘못을 저질렀다고 말하기에는 너무 정직했다.

확대해서 보면, 욥의 환난은 모든 사람들이 선하게 살려고 노력할 때—헌신적인 삶을 사랑하고, 하나님을 경배하고, 그리고 다른 이들을 사랑하고—하나님의 도움을 조금 혹은 전혀 경험하지 못하게 될 때 경험하는 혼란과 분노를 나타낸다. 하나님의 도움 대신에 욥의 모든 소유물들은 도난당하고, 그의 가족이 죽음을 당하고, 그의 명성은 갈기갈기 찢기고, 거기다 그의 몸은 머리부터 발끝까지 고통스러운 피부병과 상처들로 뒤덮이고 만다. 그는 외적으로나 내적으로 아무것도 아닌 자리로 낮아지게 된다. 욥의 "친구들"은 경건하고 상투적인 말로 견딜 수 없을 만큼 고통을 당하는 사람들을 위로하려는 선한 의도를 지닌 사람들의 모형이다. 그들은 계속해서 욥을 더욱 기분 나쁘고 좌절하게 만들 뿐이다.

인간의 기준으로 판단할 때, 욥에게 이처럼 심하게 고통을 주는 이 하나님은 누구신가?

이야기의 끝에서 하나님은 욥에게 회오리바람처럼 말씀하신다. 하나님은 이미지나 개념이 아닌 경험적인 현존으로 변하신다. 욥은 자신의 엄청난 고난에 대한 어떤 해명도 받지 못한다. 하지만 그는 그보다 훨씬 더 좋은 것을 경험하게 된다. 하나님에 대한 직접적인 경험(direct experience)이다. 이는 그로 하여금 모든 불평들을 철회하게 만든다. 이 긴 하나님과의 대면의 과정을 통하여 하나님은 분명하게 욥을 믿음과 사랑의 더 높은 단계로 상승시키신다. 궁극적 실재로서의 하나님 체험은 그의 친구 "위로자들"이 그랬던 경건한 권고들과 달리 욥의 질문들과 정서적 혼란을 치료한다. 궁극적 실재와의 이 만남으로 인해서 욥은 하나님과 그리고 자기 자신과 온전히 화해하게 된다. 그가 당했던 상황에 대한 "왜"라는 많은 질문들—"왜 나입니까? 왜 나의 가족들입니까? 왜 나의 명성입니까?"—에 대해 단순히 하나님이 존재하신다는 사실에 욥은 순복하게 된다.

그러자 하나님은 욥에게 땅, 가축, 부, 장수, 친구들, 가족 그리고 좋은 명성까지 이전에 그가 가졌던 것보다 두 배나 더 많이 주셨다. 이러한 것들은 단순히 상상조차 하기 힘든 고난을 견뎌 낸 데 대한 물질적 보상이 아니다. 그것들은 욥과 하나님 사이의 관계가 하나님과 합일하는 관계로 옮겨간 데 대해 하나님이 욥에게 부어 주신 영적인 선물들의 외적 표시일 뿐이다.

복음은 하나님을 대면한 욥의 경지를 넘어서서 우리를 하나님과의 일치는 물론이요 깊은 교제인 친밀(intimacy)의 단계까지 초대한다. 이것이 성육신이라고 부르는 기독교 신학의 근본 목적이다. 기독교 신앙에서 하나님은 예수라는 몸을 입은 사람이 되신다. 그리고 그렇게 함으로써 인류 전체라는 가족과 함께하는 이가 되실 뿐 아니라 개별적으로 한 사람 한 사람과 함께 하시게 된다. 이러한 관계에 대한 바울의 설명을 보면, 예수 그리스도를 창세기에서 육체적 조상으로 언급되는 아담과 하와보다 훨씬 더 실제적이고 심오한 의미에서 인류의 머리로 설명한다.

만일 영원한 말씀인 그리스도가 아버지의 품으로부터 나와서 자연적 창조세계에 나타나 인간이 되었다면, 그것은 예수가 그의 인성으로 그 누구도 알 수 없었던 방식으로 하나님을 알았다는 것을 의미한다. 하나님은 예수의 육체 안에 내주하신다(골 2:9). 기독교는 예수가 하나님이 누구신지를 보여준 깊은 성육신적 지식을 교류하는 것이다. 기독교는 하나님 아버지를 향해 예수가 경험한 궁극적 실재로서의 하나님 체험의 전달 방식이다. 예수는 하나님에 대한 친밀한 사랑의 표시인 아람어 "아바"를 사용했다.

　예수는 하나님이 누구신지 우리가 최소한 이해할 수 있는 방법으로 계시한다. 대부분의 기독교 역사에서 이러한 앎의 방법은 훈련되지 않았다. 심지어 오늘날까지도, 창조 이야기에서 상징적으로 표현되었고 성육신에 의해 명백하게 드러난 인류의 하나됨(oneness)에 대한 인식은 인간사에 거의 드러나지 않고 있다. 인류 역사를 통해 보면 우리는 기본적으로 대단히 경쟁적이고, 자기 중심적이며 폭력적이다. 만약에 우리가 인류학자들의 연구를 받아들인다면 인류(Homo Sapiens)의 나이는 5만 년에 지나지 않는다. 우리에게 또 다른 5만 년이 주어진다면 우리는 보다 진화할 것임에 틀림없다. 하지만 바로 지금 인류들처럼 다른 이들과 기쁨과 고통을 함께 느끼는 인류 종족은 그동안 거의 없었다.

그리스도의 아바 경험

존재하는 모든 것들이 상호 연관성과 상호 의존성의 관계에 있음은 과학적인 공동체가 물질적인 현실을 이해하기 시작하고 있는 방식이다. 우리 대부분은 우주의 기본적 구조의 실재에 대해 확신하고 있다. 이 진리를 이해하는 가장 효과적인 방법은 그것을 경험하는 것이다. 이는 관상기도 수련이 소통하려는 소중한 진리의 선물 중 하나이다. 그것은 아바 하나님에 대한 그리스도의 경험의 전달이기도 하다. 아람어 아바는 대략적으로 "아빠"—아이가 부드럽고 사랑스러운 아버지에게 사랑을 표현하기 위해 만들어낸 친밀하고 애정 어린 용어—를 의미한다. 아바인 하나님에 대한 예수의 경험(막 14:36)은 그 당시 문화적 환경 안에서 대단히 혁명적인 것이었다. 하지만 예수의 아바는 우리가 경험한 아버지와는 다른 분이다. 그분은 가장 작은 소립자로부터 가장 큰 은하계에 이르기까지 모든 것의 원천이라고 할 수 있다.

"아버지"라는 단어는 때때로 이스라엘인들에 의해 표현된 구약의 하나님을 의미했다. 이스라엘의 하나님은 십계명과 셀 수 없이 많은 종교적·예전적 규범을 만드신 분, 무한한 힘. 초월. 주권과 정의의 하나님으로서 경배 받으셨다. 그분은 특별한 방식으로 경배 받으셔야 했던 군대의 하나님이자, 쉽게 분노하시는 예민한 하나님, 그의 율법과 규례를 지키지 못할 경우 속죄 받아야 하고 다양한 속죄와 경배, 찬양과 감사로 그분을 달래야 하는 벌주시는 무서운 하나님이었다.

우리의 아바 경험

한 편으로 예수는 하나님이 우리 자신의 호흡보다, 사고(思考)보다, 선택보다, 의식 자체보다 더 가깝다고 가르친다. 산상수훈의 기도에 대한 말씀에서(마 6:6) 예수는 우리가 기도할 때, 군대의 하나님이나 엄격한 공의의 하나님이 아니라 부드럽고 다정한 부모처럼 우리가 의지하고 있는 하나님인 아바에게 기도할 것을 가르친다. 예수께서 선포하신 하나님은 아름답고, 선하고, 진실한—모두 하나로 어우러져서 엄청난 백만 배의 제곱이 넘는—사랑의 모든 인간관계와 같다. 예수의 가르침에 따르면 하나님과 우리의 관계는 엄청나고 지속적인 관심과 돌봄, 세심함, 그리고 우리가 잉태되어 죽는 순간까지 삶의 전반에 걸쳐 모든 것을 용서하시는 분이다.

예수의 가르침 속에서 기도는 하나님과 가까움을 전제하고 드리도록 되어 있다. 아바라는 단어는 하나님과 관계 맺을 수 있는 가장 친밀한 방법임을 강조하는 것이다. 아빌라의 테레사(St. Teresa of Avila)에 따르면, 많은 사람들이 하나님이 존재하시지 않는 것처럼 기도한다고 한다. 가장 원하고 필요한 것에 대해 당신이 그곳에 있지도 않다고 생각하는 누군가에게 이야기하고 있다고 상상해 보라! 얼마나 바보스러운 것이겠는가?!

예수가 "당신이 기도하기 원할 때" 아바라고 하나님을 부르라는 것은, "그곳에 계실 뿐 아니라 사랑하면서 깊은 관심을 가지고 듣고 계시다고 믿어지는 그분에게 말을 하라"는 의미이다.

예수는 전 인류를 하나님께 데리고 감으로써 아버지와 우리 사이에 가까운 관계를 수립했다. 그의 성육신을 통해 예수는 하나님의 아들과 딸이 되는 권능을 우리에게도 부여함으로써 그 자신의 신적 거룩함(divine dignity)을 나누었다. 사도들이 예수에게 기도하는 법을 가르쳐 달라고 했을 때, 그는 그들에게 이렇게 말하라고 가르쳤다. "하늘에 계신 우리 아버지여." 사도 바울은 그 특별한 관계를 다음과 같이 표현하였다.

> "무릇 하나님의 영으로 인도함을 받는 사람은 곧 하나님의 아들이라. 너희는 다시 무서워하는 종의 영을 받지 아니하고 양자의 영을 받았으므로 우리가 아빠 아버지라고 부르짖느니라. 성령이 친히 우리의 영과 더불어 우리가 하나님의 자녀인 것을 증언하시나니 자녀이면 또한 상속자 곧 하나님의 상속자요 그리스도와 함께 한 상속자니 우리가 그와 함께 영광을 받기 위하여 고난도 함께 받아야 할 것이니라"(롬 8:14-17).

하나님을 "우리 아버지"라고 부른다는 것은 예수가 경험했던 그 경험이 우리에게 전달되는 것을 의미한다.

하나님의 가까우심의 속성

센터링 침묵기도는 마태복음 6장 6절에서 예수께서 가르쳐 주신 방법으로 만들어진 것이다.

> "너는 기도할 때에 네 골방에 들어가 문을 닫고 은밀한 중에 계신 네 아버지께 기도하라 은밀한 중에 보시는 네 아버지께서 갚으시리라"(마 6:6).

"네 골방에" 들어간다는 것과 "은밀한 중에 계시는 네 아버지께 기도" 한다는 것은 분명히 하나님과 우리의 교제를 심화시키는 것이 목적이다. 골방에서 무슨 일이 일어나는 것은 "하나님에 대한 우리의 깊은 앎"이 성장하는 과정이다(골 1:10). 하나님은 물론 실제적으로 더 가까이 다가오시는 것이 아니다. 그보다 하나님의 실제적인 가까움은 언제나, 그리고 모든 곳에서 우리의 평상적 의식을 관통하기 시작한다. 지속적으로 하나님의 현존 안에 산다는 것은 우리의 3차원적인 세계가 보이지는 않지만 우리가 행하는 모든 것, 혹은 우리의 삶 속에서 일어나는 모든 것의 실제적인 배경으로 형성되며, 말하자면 4차원이 될 수 있다는 것이다.

대부분의 사람들은 하나님의 현존을 경험하는 것은 말할 것도 없고 항상 현존하시는 하나님에 대해 생각하지 않는다. 하지만 이것은 우리에게 불행이다. 우리의 매일의 삶은 오해와 착각으로 가득 차 있다. 예를 들면 모든 인간들은 지구 위에서 거꾸로 걸어 다니고 있다. 이것은 그저 우주로 떨어져 나가지 않도록 막아 주는 중력에 불과하다. 게다가 누구도 그것을 느끼고 있지는 않지만, 사실상 우리는 우주로 우리의 머리를 들이대고 있다. 그래서 과학자들은 우리가 당연하다고 생각하는 것이 꼭 그렇지 않다는 것을 우리에게 상기시켜 주고 있다. 우리가 그것들을 볼 때 시간과 공간은 질서와 확실성을 추구하는 뇌의 투사이다. 우리가 골방에서 정기적으로 기도한다는 것은 평상적 의식의 제한된 차원을 넘어선 실존의 단계들을 인식하는 방법이다.

왜 우리는 하나님이 매 순간 현존하신다는 것을 믿는 것이 그렇게 어렵다는 것을 깨닫게 되는가? 하나의 가능한 답변은 우리가 하나님의 현존을 항상 원하는지 확실하지 않기 때문일 수도 있다. 예수는 긴급하게, 그러한 하나님과의 교제를 일구어 가도록 우리를 초청한다. 하지만 우리가 다른 문제들—어른이 되어서는 버려야 한다고 바울이 권고한 어린아이 같은 것들(고전 13:11)—에 더 이상 관심을 가져서는 안 된다고 말씀한다. 신앙은 하나님과 교제하는 잘못된 방법에서 나와서 실제로 하나님이 현존하시는 실재(reality)에로 성장해 가도록 하는 초대이다.

기독교 전통은 예수가 경험했던 살아계신 하나님과의 교제에 대한 전파이다. 아바 하나님에 대한 예수 자신의 하나님 의식에 참여하는 것이 예수가 하나님의 나라라고 부른 것이다. 이 하나님 나라는 지정학적 위치나 기구 혹은 정부 조직이 아니다. 그것은 깨어 있는 믿음(enlightened faith)과 의식의 상태이다. 그곳으로 들어가기 위해서, 우리는 아동기부터 가지고 있는 선입관과 고정관념, 가치들로부터 벗어나고 재평가받아야 한다.

chapter 2 큰 잔치의 비유

 복음서의 비유들은 예수가 이해하는 하나님의 속성을 보여주는 이야기들이다. 예수의 교훈 중에서 중요한 가르침이 바로 그 안에 있다. 그는 어디에서 가르치든 그러한 가르침을 명백히 반복해 설명했다. 비유들은 주목할 만한 가치가 있다. 왜냐하면 비유들은 평범한 연설이 보여줄 수 없는 통찰력들을 일깨워 주기 때문이다. 바로 이 점이 좋은 이야기 한편이 때때로 훌륭한 웅변보다 더 효과적으로 우리의 의식 속에서 작용하는 이유이다. 우리가 소설이나 영화, 연극 등을 좋아하는 이유가 바로 여기에 있다. 어떤 이야기들은 우리가 일상생활 속에서 평범한 이들과 주고받으면서도 거의 생각하지 못하는 진리들을 보여준다.

 특별히 아바 하나님의 본성을 보여주는 두 개의 비유를 살펴보자. 우선, 첫 번째 비유는 누가복음에 나오는 큰 잔치의 비유

이다(눅 14:16-23).[1]

  이 비유를 이해하기 위해서 당시 주어진 상황을 이해할 필요가 있다. 예수의 말씀을 듣는 사람들에게 있어서 "큰 잔치"라는 말은 다른 의미로 해석이 가능한 것이었다. 그것은 전쟁에서 승리한 이스라엘, 승리의 나팔 소리에 관해 예언자들이 미리 예언했던 유명한 예언의 이야기를 생각나게 하는 것이었다. 1세기의 이스라엘은 오랫동안 로마 제국으로부터 큰 압박을 받고 있었다. 민중의 사회적, 정치적 그리고 종교적 자치권이 수십 년 동안 억압받았다. 메시아에 대한 신화는 하나님이 이스라엘의 적들을 무찌르고 그 후에 세계 모든 민족들이 이스라엘의 신정국가에 속하게 될 것이라는 기대에 근거를 두고 있었다. 그때 산 위에서 큰 잔치를 베풀며 하나님의 승리를 축하하게 될 것이라는 것이다.

  그 당시 팔레스타인 문화의 사회적 구조는 사회 지위에 따라서 엄격하게 계층화되어 있었다. 자신이 태어난 계층에 속하며, 오늘날 인도에서 "불가촉천민"(the untouchable)[2]들이 대우받는 것과 마찬가지로 그런 계층에서 벗어날 수 없는 것이다.

---

1) 마태는 그의 목회적 목적에 맞춰서 비유들을 해석하였다. 그렇게 함으로써 예수가 본래 의도했던 의미나 주안점이 변하게 되었다.

2) 인도에서는 가장 밑바닥 계층의 사람들을 달리트(dalit)라고 하며, 이들은 아예 계급제도 안에 들지도 못하고, 너무 천하기 때문에 접근조차도 할 수 없다고 생각하는 계층이다(역자 주).

사회 구조는 항상 권력자들이 그들의 지배력을 유지하기 좋은 방식으로 존재해 왔다. 이러한 계층화 구조는 인종적, 국가적 혹은 종교적 시스템으로 될 수도 있다. 비유를 통한 예수의 가르침은 하나님의 눈은 이러한 사회적 계층을 따라 인간을 보고 계시지 않다는 것이다. 예수의 가르침과 비유들은 지속적으로 모든 인류의 근본적인 일치와 평등의 진리를 강조한다.

우리가 마태라고 알고 있는 복음서의 저자는 모세에게 나타난 하나님의 거룩하신 이름을 한 번도 소리 내어 언급한 적이 없는 유대인들을 위해서 글을 썼다(출 3:14). 예수는 하나님의 이름을 큰 소리로 언급했을 뿐 아니라 "아버지"라는 단어를 사랑스런 용어인 아바로 바꿔 부르기도 했다. 그래서 단번에, 언급조차 할 수 없었던 하나님의 이름은 특별한 가정에서 아버지를 부르는 애칭인 아바가 되었다. 그렇게 함으로써 예수는 율법주의와 하나님으로부터의 거리감을 만드는 전제 조건들을 제거하였으며, 우리와 가깝고 우리를 돌보아주며 보호하고 부드럽고 용서하며 치유하시는 하나님과의 관계를 선포하였다.

큰 잔치의 비유에서 예수는 그의 말을 경청하는 사람들의 마음속에 확고히 자리 잡고 있던 메시아 잔치(Messianic Banquet)에 대한 일반적인 통념들을 무효화했다. 심지어는 예수의 제자들조차도 예수가 부활하기까지 예수의 하나님 나라 개념을 이해할 수 없었다. 이 비유 안에서 예수는 하나님과의 교제를 가로막는 모든 장애들을 없애버릴 뿐 아니라, 일상생활 속에서의 사회적 장벽마저도 용해시켜 버린다. 그리고 우리에게 모든 사람이—부유하든지 가난하든지, 정신적으로나 육체적으로 장애가 없든지 있든지—하나님과의 일치에로 초대받았다고 말한다.

> "그러므로 내가 첫째로 권하노니 모든 사람을 위하여 간구와 기도와 도고와 감사를 하되…하나님은 모든 사람이 구원을 받으며 진리를 아는 데에 이르기를 원하시느니라"(딤전 2:1, 4).

그 당시 작은 마을에서 주택을 소유한 사람은 최상류층에 속했다. 오직 최상류층 사람들만이 집에서 살았다. 가난한 사람들이 가장 바라는 것은 그저 그들의 머리를 가릴 정도의 집을 소유하는 것이었다. 팔레스타인 마을에는 오직 두 개의 사회 계급, 아주 부유한 사람들과 아주 가난한 사람들이 있었다. 집 주인은 연회를 준비해서 자신과 같은 사회 계층에 속한 지주(地主)들인 동료들을 초청한다.

주인이 초청하기를 원한 첫 번째 사람들은 물론 그의 저명한 귀빈 동료들이었을 것이다. 예수가 살았던 시대에 최상류층 사람들은 그들의 동료들이 보내는 존경과 찬사를 통해서 자신의 가치를 체험하기를 즐겼다. 그러므로 명예스러운 것 중의 하나가 최상류층이 개최하는 중요한 연회에 참석하는 것이었다. 그러나 비유에서 보면 집주인이 초대한 처음 세 귀빈은 다소 엉성한 핑계를 대며 초대를 거절하였다. 그들의 변명은 밭을 샀으매 돌봐야 하며, 소 다섯 겨리를 샀으매 시험해 보아야 하며, 장가들었으니 가지 못하겠다는 것이다. 여기서 거절의 정도가 점점 더 강조되고 있다. 주인은 그의 동료들에게 무시를 당함으로써 그가 더 이상 올라갈 사회적 사다리가 없게 되므로 내려갈 수밖에 없었다. 그는 아무런 잘못이 없음에도 불구하고 최상류층 공동체에서 버림받게 된 것이다.

비유에 따르면 이 집주인은 격분한다. 저녁 만찬은 준비되었지만 초대한 사람들은 아무도 오지 않은 것이다. 그는 종에게 말한다. "어서 시내의 거리와 골목으로 나가서 가난한 사람들과 시체 장애가 있는 사람들과 눈먼 사람들과 다리 저는 사람들을 이리로 데려오너라. 그리하여 내 집을 채워라." 종은 서둘러 나가서 장애인들과 가난한 자들의 무리를 모았지만 잔치 자리는 여전히 꽉 차지 않는다.

이스라엘의 예언자들은 가난한 사람들이 하나님의 눈에는 매우 소중한 이들이라고 가르쳤다. 사실상 시편에서 말하는 영웅은 단지 물질적으로 가난한 사람들이 아니라, 하나님을 위하여 고난받는 사람이다. 그래서 가난하고 고통받는 사람들이 큰 잔치에 초대되었다는 비유를 들을 때 청중은 전혀 놀라지 않았다.

하지만 가난한 사람들과 육체적으로 장애가 있는 사람들을 데리고 왔는데도 연회장은 채워지지 않았다. 집주인은 딜레마에 빠지게 된다. 그는 그의 동료들로부터 명예를 잃게 되었다. 그리고 이제 잔치를 취소하든지 더 많은 사람들을 초대해야 하는 선택의 상황에 놓인 것이다. 그는 후자를 선택하고 종들에게 명한다. "길과 산울타리 가로 나가서 사람을 강권하여 데려다가 내 집을 채우라"(눅 14:23). 다른 말로 하면 "길거리나 다리 아래 숨어 있는 사람들을 강권하여 잡아다가 내 집을 채워라." 더 구체적으로 말해서 세리들, 범죄자들, 창녀들, 소외당한 자들, 아무도 원하지 않는 사람들을 데려오라는 것이다.

마침내 연회장은 꽉 찼다. 이제 사람들로 가득 찬 연회장을 상상할 수 있다. 그들 중 대부분은 넝마를 걸치고 있으며, 잘 씻지 않았으며, 가난하고 유쾌하지 않은 이들이다. 그리고 집주인이나 잔치의 목적에는 거의 관심도 없다. 이제 집주인은 중대한 결정을 내려야만 한다. 그는 연회를 취소할 수 있다. 아니면, 그는 자신을 더 낮춰서 이 존경할 가치조차 없는 이들과 앉아서 음식을 먹음으로써 그의 마지막 남은 체면조차 버리는 것이다.

1세기 팔레스타인 문화에서 음식을 함께 나눈다는 것은 식탁에 앉은 이들과 동일해진다는 표시였다. 그러므로 만일 집주인이 그들과 식사를 함께한다면 그는 자신을 소외된 자들, 쓸모없는 자들, 범죄자들과 동일시하게 되는 것이다. 바로 이것이 종교적 권위자들이나 심지어는 세례 요한의 제자들조차도 예수가 세리와 창녀들과 식사를 했을 때 경악한 이유이다. 이 비유의 분명한 요점은 그들이 누구이든지 간에 모든 사람이 잔치에 초대되었으며, 초대받았을 뿐 아니라 어떤 경우에는 참석하도록 강요받고 있다는 것이다.

이제 이 비유가 특별한 메시지를 보여주고 있다. 하나님을 상징하는 집주인은 이 마을에서 사회적 최상류층의 일원으로서 그의 명성과 지위를 잃어버렸다. 그리고 이제 사회의 쓰레기들과 자신을 동일시해야 하는 큰 굴욕에 직면하게 되었다. 연회를 취소하는 대신에, 집주인은 그의 마지막 남은 체면을 다 던져 버리고 가난하고 고통받는 자들뿐 아니라 범죄자들 그리고 사회적으로 거절당한 사람들과 한 무리가 되어 동일시됨을 선택한다. 그는 완전히 그들과 동일시 된 것이다. 이것이 하나님이 실제적으로 그의 사랑하시는 아들의 성육신을 통해서 행하신 것이다. 죄인들과 완전히 동일해짐으로써 하나님은 신적 권리와 위엄에 반하는 존재가 된 것이다. 하나님은 인간들이 있는 곳, 용서와 치유를 절박하게 필요로 하는 죄인들이 있는 바로 그곳에서 인간이 되셨다. 분명히 하나님은 어떤 희생을 치르더라도 그분의 생명과 우리가 교제하도록 하기 위해 그렇게 하신 것이다. 그래서 이 비유는 하나님이 누구신지 감추어 놓은 베일의 한 귀퉁이를 들어 올려 보여주고 있다.

이 비유는 예수가 아바라고 알고 있는 하나님의 다른 심오하고 주목할 만한 면들을 보여준다. 하나님은 삼위일체 하나님의 부요함과 명예, 능력을 철저히 비우시는 모습을 나타내기 위해 하나님 됨을 좋아하시지 않는 것처럼 보인다. 이 비유는 삼위일체의 세 인격이 어떻게 관계하는지 미세하게 암시해 주고 있다. 애초부터 신성의 충만함이 있으신 아버지 성부는 자신을 비우고 성자 안으로 흘러들어와 성자와 함께하신다. 여기서 성부가 신적 관계성의 원천이다. 이는 성부가 삼위일체의 원천이고 성자는 그 원천으로부터 탄생하셨다는 것을 제외하고는 성자가 성부이신 하나님의 신성을 공유함을 의미한다. 공유하고 나눠주는 삼위일체의 친교를 즐기며, 모든 것을 다시 성부에게로 돌리는 성자와의 친교를 성부는 즐겁게 경험한다. 삼위일체 하나님은 함께 서로에게 영광을 돌리는 전적인 복종과 상호 교류의 영원한 행위 안에서 삼위일체의 무한한 선 가운데 기뻐한다.

성령의 인격은 그들의 무한한 기쁨과 환희의 표현이다. 아마도 우리는 성부와 성자가 서로에게 서로를 끊임없이 내줄 때, 성령은 그들을 계속적으로 사랑으로 결속시켜 준다고(bond of love) 말할 수 있을 것이다. 이 삼위 하나님은 그들 자신 안에서 보다 서로서로의 친교 가운데 살고 계시다.

이 비유는 특별한 방식으로 말씀이 육신이 되신 역동성에 강력한 조명을 비추어 주고 있다. 하나님의 아들 그리스도는 타락한 인간은 아니지만 사실상 인류 전체의 종이 되었다. 그는 소외된 사람들의 모든 심리적 스트레스와 고통, 사회로부터의 거절감, 죄책감의 무거운 짐, 그리고 하나님으로부터 버림받았다는 느낌마저도 떠맡았다. 이러한 하나님의 낮아지심은 하나님 나라에 인간 쓰레기들마저도 포함시키려고 하는 하나님의 사랑으로서, 우리로서는 도저히 이해하기 힘든 하나님의 섭리이다. 짧게 설명해 보면, 우리가 잔치에 초대받기 위해 우리가 어떤 존재인지는 중요하지 않다. 우리는 여전히 잔치에 초대를 받고 있다. 그리하여 하나님 나라는 하나님의 초대를 받아들인 우리들의 것이다.

이 비유에서 예수가 강조한 말씀의 주제 중 하나는 우리가 하나님의 호의를 받아야만 할 대상이라는 것이다. 사실상 우리가 그의 사랑을 획득하기 위해 특정한 방식으로 행동해야 한다고 생각한다면, 하나님께서 하사하신 하나님 나라의 선물의 진면모를 잃어버리게 되며, 초청을 놓쳐버릴 위험에 처하게 된다. 어떤 사회에서든 최상류층의 문제는 그들 자신이 처한 위험한 상황을 깨닫지 못한다는 것이다. 그들의 지위, 권력 그리고 부 때문에 그들 자신에 대한 진리를 보지 못하는 경향이 있다. 그들은 고통스러운 이혼이나 심각한 질병, 파산의 경험, 혹은 욥이 경험했던 것처럼 사랑하는 이들과 명성이나 사회적 지위를 잃어버리는 것과 같은 큰 충격을 겪기 전까지 자신이 누구인지 알지 못한다. 최상류층 엘리트들은 이와 같은 엄청난 비극에 자주 직면하게 될 때에 비로소 그들을 향한 하나님의 커다란 사랑을 충분히 이해하게 되고 그들이 가지고 있는 행복에 대한 생각이 잘못된 것이요 공허한 것이라는 사실을 이해할 수 있게 된다.

chapter 3 **누룩의 비유**

 누룩의 비유는 이 가르침을 더 잘 설명해 준다. 이 비유는 다음과 같이 시작된다. "또 이르시되 내가 하나님의 나라를 무엇으로 비교할까? 마치 여자가 가루 서 말 속에 갖다 넣어 전부 부풀게 한 누룩과 같으니라 하셨더라"(눅 13:20-21).

 이스라엘 민족이 유월절 명절을 기념했을 때, 그들은 누룩을 넣은 빵 먹는 것을 금하였다. 심지어는 유월절 기간 내에 그것을 집 안에 둘 수도 없었다. 그 사회에서 누룩은 윤리적 타락의 상징이었다. 누룩은 빵 조각을 어둡고 습기가 있는 곳에 놓고 그것이 썩어서 악취가 날 때까지 둠으로써 생기는 효소이다. 그러므로 누룩으로 발효된 빵은 경건하지 못하고 세속적인 일상생활과 같은 것들의 상징이었다.

 예수가 하나님 나라와 누룩을 비교했을 때, 그의 말씀을 듣는 이들을 깜짝 놀라게 했음에 틀림이 없다.

비유에 나오는 여성이 사용했던 반죽의 양—이는 상당한 양이었다—은 하나님이 아브라함을 찾아오셨을 때, 아브라함의 아내 사라가 마므레 상수리나무 아래에 있던 세 천사에게 제공한 것과 정확히 같은 양이다(창 18장). 이 사건을 이스라엘 사람들은 하나님의 현현으로 많이 인식하고 있었다. 그래서 예수의 말씀을 듣는 이들에게 예수는 하나님의 나라를 윤리적 타락의 상징인 누룩과 동일시했을 뿐 아니라 반죽의 양이 많았음을 언급하면서 하나님의 나라도 이처럼 심각하게 타락해 있음을 시사하고 있었다.[1]

이 간단한 비유를 가르친 후에, 갑자기 예수는 그곳을 떠나 버린다. 이 비유를 듣고 깜짝 놀란 청중의 "이 사람은 윤리적 악을 선하다고 말하는 것인가?" 등 쏟아질 법한 물음에 대한 아무런 설명도 대답도 없이 떠나 버렸다.

물론 이 비유는 무엇이 선하고 무엇이 악한지에 대한 우리의 개념에도 역시 도전한다. 그것은 마치 예수가 우리에게 "무엇이 악과 선에 대해 너희로 하여금 그토록 확신케 하는 것인가?"라고 질문하는 것과 같다. 욥은 그의 감당할 수 없는 시련들 가운데에서 부당하게 행동하시는 하나님을 체험하였다. 그에게 있어서 하나님은 선에 대해 신실하게 보상 해주고 악은 처벌하는

---

[1] 누룩의 비유에 대한 이러한 관점을 더 살펴보기 위해서는 Thomas Keating, *St. Thérèse of Lisieux*(Lantern Books, 2001), 21-37을 참고하라.

무한히 공의로운 분이었기 때문에, 이러한 가혹한 처벌을 어떻게 받아들여야 할지 몰랐다.

누룩의 비유는 역시 우리에게 일어날 수 있는 최악의 일이라고 생각되는 것이 우리의 삶 속에 임하는 하나님 나라일 수 있다는 것을 암시한다. 달리 설명해 보면, 하나님 나라는 우리가 찾기를 가장 강력하게 기대하거나 원하는 것이 아니라는 것이다.

우리는 대략 4세에서 8세까지의 사회화 기간 동안 부모와 교사가 가르쳐준 하나님에 대한 다양한 개념들을 아무런 의심 없이 받아들였고 그것을 어린 시절부터 지금까지 가지고 있다. 나는 이러한 개념들을 예전에 이미 다룬 바 있지만, 이 비유의 전체적인 함의를 파악하기 위해서 여기서 그것들을 다시 짚어 보고자 한다.

1. 하나님은 접근할 수 없는 빛 속에 거하신다.
2. 하나님은 무한히 정의롭고 선한 이들에게는 보상하며 악을 행하는 자들은 가차없이 처벌하신다.
3. 하나님은 우리가 신실하게 기도하고 그의 계명들을 잘 지켜 갈 때 우리를 보호하신다.
4. 우리는 하나님께 우리의 죄에 대해 참회하는 고행과 함께 기도해야 한다.
5. 하나님은 그의 사랑을 얻기 위해 우리의 모든 쾌락을 부정하도록 요구하신다.

이러한 태도들은 사실상 특정한 진리에 기초를 두고 있지만, 또한 심각한 한계점들을 가지고 있다. 기독교인이 가는 길은 하나님이 어떤 분임을 정의하는 것이 아니라, 하나님에 대한 우리의 아이디어(idea)를 확장해 가는 것이다. 심지어 하나님의 자비와 용서의 경험이 없이는, 교리와 예전, 선행, 그리고 윤리적 확신들의 도움만으로 하나님이 누구신지 진정으로 알지 못한다.

우리는 하나님의 광대하심을 배워야 한다. 그는 고정되어 있거나, 속이 좁거나, 신경질적이거나, 만족시키기 힘든 분이 아니다. 그보다는 시편 기자가 선포하는 바와 같이, 하나님은 "노하기를 더디 하시고 인자하심이 풍부하시다"(시 103:8). "그의 인자하심은 영원하다"(시 136편).

이 비유에서 예수는 윤리적 선과 악이 실제로 무엇인지 우리가 알고 있는 익숙한 확신을 무효화한다. 우리가 가진 관점에서 우리가 믿고 있는 확신은 윤리적으로 악한 것 가운데에서 하나님을 찾는 것을 불가능하게 만들어 버린다.

윤리적 타락은 물론이고 육체적 질병이나 자연 재해, 그리고 사랑하는 이들과 재산 혹은 명성의 손실 등 우리를 괴롭히는 여러 가지 악의 형태들이 있다. 우리는 또한 감정적, 정신적, 영적 문제들조차도 악으로 받아들이는 경향이 있다. 예를 들어 영적 여정의 기복(起伏)은 영적 위안(consolation)과 영적 고독감

(desolation)이 주기적으로 교체하면서 나타난다. 후자는 주로 누그러지지 않는 악으로 인식된다. 사실상 우리가 일어나지 않기를 바라는 것이 실제로 우리에게 일어날 수 있는 최상의 것이 될 수도 있다.

하나님은 우리가 원하거나 필요하다고 생각하는 것보다는, 보통 우리에게 필요한 것을 보내주신다. 그리고 마땅히 받아야 한다고 우리가 생각하는 것을 여전히 적게 주신다. 왜냐하면 하나님은 우리와 무척 가깝고 우리를 너무 잘 아시기 때문이다. 아주 깊이 이미 우리에게 무엇이 필요한지 잘 알고 계시며, 아주 현명하셔서 절대로 실수하지 않으신다. 그리고 우리를 너무 사랑하여서 우리를 용서하고 우리의 죄를 잊어버릴 준비가 되어 있으시다. 그런데 우리는 삶 속에서 일어나는 어떤 상황에서도 하나님을 배제시킬 정도로 어린아이와 같다. 비극이나 재난이야말로 우리를 선입견이나 전이해들(preconceived ideas)을 넘어서 신뢰와 순복, 그리고 사랑 안에서 하나님과 더 깊은 차원의 교제로 나아가도록 하는 환경의 유일한 장치가 될 수 있다.

바리새인과 세리의 비유

바리새인과 세리의 비유(눅 18:10-14)는 구원을 받을 수 있는 곳은 단순히 성전만이 아닌 매일의 삶 속에서임을 설명하고 있다. 세리는 단순히 자신을 사회적 죄인으로 인식하고 하나님의 자비를 구한다. 그는 하나님의 집을 "의롭다 여기심"을 받는 집으로 드나든다. 즉 하나님과 개인적으로 올바른 관계를 통해 매일의 삶을 맞이할 준비를 하며 산다. 반면에 바리새인은 자신의 선행에 대해 하나님께 감사한다. 하지만 그는 자신의 종교적 지위와 그가 기도하고 있는 성전이 그의 삶을 변화시키지 못하고 있으며, 그의 영적 생활에 아무런 영향을 주지 못하고 있음을 모르고 있다. 그의 종교적 지위나 그가 기도하는 거룩한 성전 때문에 하나님과의 관계나 교제가 마치 자동적이며 당연한 것이라고 받아들이고 있다. 그러나 이 비유는 하나님 나라가 가장 잘 나타나는 곳이 거룩한 장소가 아니며, 우리의 종교적 지위도 아님을 확인시켜 준다. 그보다 하나님 나라는 하나님, 다른 사람들 그리고 우리 자신에 대하여 온전히 정직한 태도 안에 현존한다. 관상기도를 통해서—우리의 골방에 머묾으로써—우리는 기꺼이 우리가 세상을 보는 방식이 옳다는, 설상가상으로 그것이 유일한 길이라는 환상(illusion)을 내려놓을 수 있게 된다.

삶 속에서 우리의 역할에 대한 애착은 사실상 우리 자신의 자질을 충분히 발휘할 수 없도록 방해한다. 우리가 한번 자신의 역할들을 기꺼이 포기할 수 있게 되면, 적어도 영적인 측면에서 욥과 같이 이전에 가졌던 것보다 배 이상으로 그것들을 다시 되돌려 받게 될 것이다. 만일 우리를 깨우는 중요한 사건들이 일어나지 않는다면 우리는 하나님의 사랑을 위해 기꺼이 포기하기를 꺼려하는 어떤 것, 어떤 사람과의 관계, 어떤 역할로 자신을 고정시키는 현실을 결코 직면하지 않을 것이다. 이러한 인간의 성향 때문에 하나님은 우리에게 하나님 나라의 충만함을 전달할 수 없으시다.

누룩의 비유에서 예수는 하나님 나라는 우리가 감히 꿈꿔 오던 것보다 우리 안에서 더 잘 나타남을 명료하게 가르친다. 일반적으로 우리는 어려운 일들과 실망시키는 일들을 다음 주, 가능하면 다음 달로 바로 미뤄 버리고 만다. 하지만 하나님은 때때로 기다리지 않고 "지금"이라고 말씀하신다. 우리가 모욕을 당하고 고난을 경험할 때, 가장 고통스러운 것은 어떤 일이 일어났는가가 아니라 일어난 일에 대한 우리의 태도이다. 바로 이것이 우리가 악에서 구원해 달라고 기도할 때, 하나님이 종종 우리의 어려움을 거두지 않고 우리의 고난에 참여하시는 이유이다. 그것은 시련을 거두는 것보다 더 큰 선물이다. 이는 우리를 그리스도의 십자가와 그의 구속 사역과 연합하게 하기 때문에 훨씬 더 큰 선물이 되는 것이다. 그분과의 연합을 통해서 우리는 세계를 구속하고자 하는 인간 삶의 가장 큰 프로젝트를 공유하게 된다.

그리스도와의 일치 안에서 고통을 당한다는 것은 우리가 사랑하고 모든 것들 중에 가장 좋은 것, 우리가 대가 없이 받은 그것, 하나님의 무조건적인 사랑으로 섬기고자 애쓰는 사람들에게 나타나는 것이다.

성경에 나타난 하나님의 특징 중 하나가 부드러움이다(호 11:8 참고). 이것은 우리가 하나님을 어머니 같고, 애정이 많으며, 양육하고, 인내하고, 용서하고, 화해하고, 모든 상처를 치유하는 순수 그 자체라고 해석하게 되는 하나님의 여성적 측면이다.

하나님은 순수 그 자체이시다. 행복한 아이와 같이 하나님은 특정한 행동 계획 없이 자신을 명확히 드러내는 순수한 선 자체이시다. 하나님은 영원히 모든 것을 있는 그대로 받아들이는 익살스런 어린아이와 같다. 하나님은 항상 현재 이 순간에 현존하신다. 항상 모든 것들 그리고 모든 사람들과 교류하면서, 여전히 자유하고 평화스러우며 편안하게 하신다. 하나님은 모든 피조물들에게 적합하게 맞추어 가며(인간 피조물들과는 인간적으로, 비인간 피조물들과는 그들에 맞게), 존재하는 모든 것들을 즐거워하신다. 그리고 모든 인류에게 영원한 삶과 행복을 주기를 간절히 원하신다.

chapter 4 **용서**

용서는 기독교의 핵심이다. 이는 예수가 부활한 날 밤에 문을 걸어 삼그고 모여 있던 사도들에게 자신을 나타내고, 숨을 내쉬면서 "성령을 받으라. 너희가 누구의 죄든지 사하면 사하여질 것이요 누구의 죄든지 그대로 두면 그대로 있으리라"(요 20:22-23)고 말씀했던, 용서는 그의 최대 관심사였다. 이 말씀은 일반적으로 가톨릭 공동체의 화해의 성례전(the Sacrament of Reconciliation)을 언급한다고 생각했다. 그러나 이 말씀은 성례전 이상의 의미가 있다.

성부 하나님은 용서이시다. 우리 역시 하나님의 자녀가 되기 위해 용서를 실천해야 한다. 우리의 의식적 혹은 무의식적 기억 속에는 우리가 용서하지 않은 사건들과 사람들이 있다. 이는 억압되었지만 깊은 심리적 고통으로 남아 있다. 그것들을 치유하느냐, 아니면 고통 속에 남겨 두느냐 하는 것은 우리에게 달려있다.

우리 안에 하나님이 현존하시는 참 자아(True Self)는 용서하기를 원한다. 하지만 이것이 용서하지 못하는 거짓 자아(False Self)에 의해 겹겹으로 덮여 있다. 사실상 남을 용서하지 못하는 것은 우리 자신을 용서하지 못하는 것이다. 가장 깊은 차원에서 보면, 우리는 다른 모든 사람들과 같다고 할 수 있다. 우리는 모든 사람들을 향해 전적으로 가슴을 열 때 무조건적인 사랑의 세계를 즐길 수 있다.

부끄러움, 죄책감, 절망, 성적 욕망. 폭식. 욕심과 자만심 억제하기, 질투. 시기 등의 불쾌한 감정들, 다른 이들의 절박한 요구에 대한 무관심 —이러한 것들은 예수가 겟세마네 동산에서 옮겨 달라고 기도했던 그 잔 안에 담겨 있는 부정적인 감정들이다. 그가 당한 육체적 징벌의 강풍과 가시 면류관은 내적으로 그를 찢어 놓는 심리적이고 영적인 고통을 외적으로 분명하게 보여주었다. 단순히 몇몇 유대인이나 로마 당국이 예수를 죽인 것이 아니라 우리의 불의한 태도들, 용서에 대한 거부감, 그리고 전적으로 고의로 짓는 죄들은 예수의 수난과 죽음의 진정한 원인이다. 예수는 특별히 우리가 용서할 수 없거나 그럴 의지가 없을 때 우리의 편안하지 않은 양심으로부터 나오는 피할 수 없는 고통스러운 느낌들과 자신을 동화시킴으로써 우리의 엄청난 자기 중심성을 치유하고자 한다. 용서는 사람들로부터 받는 것뿐 아니라 기관이나 조직들로부터 받게 되는 고통과 상처를 포함한 용서를 의미한다.

만일 우리가 상처를 주고 나서 용서를 받지 못한다면 우리 삶에는 항상 뭔가 잃어버린 것이 있게 된다. 우리가 다른 사람들과 화해하기 위해 용서를 구했지만 상대방이 우리의 사과를 받아들이거나 응하지 않을 경우, 우리는 우리가 할 수 있는 일을 한 것 때문에 마음의 평화가 있게 될 것이지만 그래도 여전히 뭔가 잃어버린 듯한 느낌이다.

만일 그 사람이 전에 우리와 매우 가깝고 절친한 사이였다면 더 엄청난 고통이 있을 것이다. 용서는 양측이 서로를 용서할 때에만 완성된다. 이것을 화해라고 한다. 용서는 그리스도의 수난과 죽음, 그리고 부활 승리의 기쁨이다. 화해는 복음서의 중심 주제이다.

우리는 무엇보다도 우리 자신과 삶 속에서 일어나는 우리가 좋아하지 않는 것에 대해서 하나님을 용서해야만 한다. 하나님으로부터 받은 용서의 경험은 우리의 상처를 치유하고, 다른 이들이 우리의 용서를 거절했을 때에라도 우리 자신을 용서하도록 한다. 이러한 경험은 하나님과 우리의 참 자아에 대한 확신을 엄청나게 증진시켜 준다.

만일 우리가 하나님으로부터 용서를 받았다면 그것을 어떻게 알 수 있을까? 다른 이들을 온전하게 용서하는 것을 통해서이다. 이러한 방식으로 우리는 하나님이 우리를 용서하셨음을 확실하게 알게 되고 그래서 우리도 마침내 우리 자신을 용서할 수 있다.

그리스도의 죽음에서, 존재하는 것이 존재하지 않는 것이 된다. 하나님은 물론 죽으실 수 없다. 하지만 하나님은 우리 안에서 죽으실 수 있다. 성자는 성부가 누구신지를 보여주기 위해서 우리와 하나가 되었다. 어떤 점에서는, 하나님은 예수의 죽음을 통해 죽으신다. 하나님의 영원한 말씀은 침묵하게 된다. 성부의 모든 것, 하나님 자신은 인간의 형상으로서의 예수 안에서 두들겨 맞고, 십자가에 못 박혔으며, 파괴당했다. 하지만 사랑을 뛰어넘는 사랑은 남아 있다. 그것은 무한한 사랑으로부터 나와 그 자신을 희생한 무한한 사랑이다.

성자가 성부를 위해서 인간이 됨으로 무한한 사랑을 포기할 때 무엇이 남아 있는 것일까? 그것은 궁극적 실재(Ultimate Reality)이다. 이것을 우리는 기독교에서 하나님이라고 부른다. 즉 그분은 사랑이시며 사랑을 뛰어넘는 사랑이시다.

chapter 5 **가장 좋은 길**

 기독교의 영적 여정의 핵심은 하나님의 뜻에 따라 우리가 하나님의 빛과 생명, 사랑과 행복을 최대한으로 받을 수 있도록 하는 것이다.

 고린도전서 12장 8-10절에서, 바울은 기독교 지역 공동체를 세우기 위해서 성령께서 주신 카리스마적 은사들을 언급하고 있다. 방언, 방언의 통역, 치유, 예언, 기적 사역, 영감 있는 가르침, 영감 있는 설교, 행정, 그리고 지혜의 말씀이 그것이다. 이 모든 은사들은 한 몸으로서의 공동체를 격려하고 강화하기 위해서 주어지는 것들이다. 그러나 그것들은 성화의 은총의 사역인, 우리의 영혼의 본질과 우리의 기능(faculties)의 뿌리들을 변형시키는 은사[1]와는 다르다.

---

1) 기독교 공동체를 세우기 위해 성령께서 주시는 카리스마적 은사(고전 12:10)와 구별된 인격변형을 위해 주시는 성령의 일곱 가지 은사(사 11:2)를 의미함(역자 주).

기독교 계시의 근본 진리는 우리가 하나님의 형상대로 창조되었다는 것이다. 그분의 형상은 우리의 기본적 선성(善性)이다. 죽음 후에라도, 지구상 아무것도, 아니 다른 어떤 곳에서라도 그것은 바꿀 수 없다. 이는 모든 인류의 위대한 존엄성의 근원이 된다. 모든 인간은 하나님과 하나 됨을 위한 타고난 능력을 가졌다.

바울은 고린도 교인들에게 보낸 그의 편지에서 모든 카리스마적 은사들을 나열하고, 영적 여정을 위한 제자들의 열정을 북돋우면서, 다음과 같은 인상적인 말씀으로 결론을 맺는다. "너희는 더욱 큰 은사를 사모하라. 내가 또한 다른 모든 것들을 능가하는 제일 좋은 길을 너희에게 보이리라"(강조를 첨가했음). 다른 말로 하면 우리가 가질 수 있는 카리스마적 은사들이 매우 다양하고 고귀하더라도 그것들은 가장 좋은 순수한 사랑의 길과 비교할 수 없으며, 그것들은 하나님의 생명 그 자체가 실제로 우리에게 전달되는 내적 변형의 은혜2)와 비교될 수 없다. 바울은 다음과 같이 기록하고 있다:

"내가 사람의 방언과 천사의 말을 할지라도 사랑이 없으면 소리 나는 구리와 울리는 꽹과리가 되고 내가 예언하는 능력이 있어 모든 비밀과 모든 지식을 알고 또 산을 옮길 만한 모든 믿음이 있을지라도 사랑이 없으면 내가 아무것도 아

---

2) 관상기도를 의미한다(역자 주).

니요. 내가 내게 있는 모든 것으로 구제하고 또 내 몸을 불사르게 내줄지라도 사랑이 없으면 내게 아무 유익이 없느니라.

사랑은 오래 참고 사랑은 온유하며 시기하지 아니하며 사랑은 자랑하지 아니하며 교만하지 아니하며 무례히 행하지 아니하며 자기의 유익을 구하지 아니하며 성내지 아니하며 악한 것을 생각하지 아니하며 불의를 기뻐하지 아니하며 진리와 함께 기뻐하고 모든 것을 참으며 모든 것을 믿으며 모든 것을 바라며 모든 것을 견디느니라.

사랑은 언제까지나 떨어지지 아니하되 예언도 폐하고 방언도 그치고 지식도 폐하리라. 우리는 부분적으로 알고 부분적으로 예언하니 온전한 것이 올 때에는 부분적으로 하던 것이 폐하리라. 내가 어렸을 때에는 말하는 것이 어린아이와 같고 깨닫는 것이 어린아이와 같고 생각하는 것이 어린아이와 같다가 장성한 사람이 되어서는 어린아이의 일을 버렸노라.

우리가 지금은 거울로 보는 것같이 희미하나 그 때에는 얼굴과 얼굴을 대하여 볼 것이요. 지금은 내가 부분적으로 아나 그 때에는 주께서 나를 아신 것같이 내가 온전히 알리라. 그런즉 믿음, 소망, 사랑, 이 세 가지는 항상 있을 것인데 그중의 제일은 사랑이라"(고전 13장).

위에서 언급한 인간의 삶 속에 나타나는 하나님의 사랑은 감상적 사랑이나 느낌으로서의 사랑이 아니라 그리스어로 아가페(agape), 라틴어로는 까리따스(caritas)라고 불리는, 자기를 내주는 하나님의 사랑을 보여주고 있는 것이다. 이 용어는 성부와 성자, 그리고 성령 삼위일체 안에서 영원히 교류하는 무조건적인 사랑을 가리킨다.

이 사랑에 대한 위의 본문은 "하나님은 사랑이시다"(요일 4:8)라고 선언하는 요한일서의 내용을 통해 더 잘 설명되고 있다. 다시 말해서 하나님은 사랑을 보여줄 뿐 아니라 사랑 그 자체이시라는 것이다. 사도 바울처럼 만일 우리가 영적 여정의 과정을 사랑 안에서의 성장으로 본다면, 우리는 왜 그가 이것을 가장 좋은 길이라고 불렀는지 알게 될 것이다. 그것은 그리스도가 아바로서 하나님 아버지를 경험한 것과 동일한 것이기 때문이다. 복음서의 이러한 관점은 단순한 가르침이 아니라, 그리스도의 아바 경험의 전달이다. 우리는 이러한 가르침을 "복음서의 관상적 차원"이라고 불러야 할 것이다. 이것이 없이는, 복음은 온전히 선포될 수 없다. 관상은 기독교인이 가져야 할 덕목(믿음, 소망, 사랑)에 대한 보상이 아니라 그것을 실천하기 위한 필수 조건이다. 기독교 역사는 각 세대마다 기독교인들에게 그리스도의 아바 경험이 얼마나 풍부했는지, 혹은 얼마나 궁핍했는지에 대한 이야기라고 볼 수 있다.

성부 하나님은 창조자이고, 또한 다른 모든 존재들의 근원이며, 우리의 몸, 혼, 영을 지탱하게 하시는 분(Sustainer)이다. 예수의 성부 하나님에 대한 경험을 요약하는 아바라는 단어는 부드럽고, 양육하며, 사랑이 많은 궁극적 실재인 하나님에 대한 이해를 포함하고 있다. 이는 궁극적 실재의 여성적 측면이라고 볼 수 있다.

하나님은 우리로부터 주로 숨어 계신 것처럼 보인다. 왜냐하면 우리는 하나님처럼 이러한 방식으로 어떻게 사랑하는지 모르기 때문이다. 관상기도의 차원으로 인도하는 센터링 침묵기도는 바울이 관상이고 말한 하나님에 대한 "깊은 지식"에 전적으로 접근하는 것이다.3) 우리의 가장 깊은 곳에 내주하고 계시는 성령은 매 순간 사랑이신 하나님의 현존을 우리에게 전해주신다. "하나님께서 우리에게 주신 성령을 통하여 그의 사랑을 우리 마음속에 부어 주셨습니다"(롬 5:5).

우리는 다른 방식으로 사랑에 대해 생각하곤 한다. 영어 단어 "사랑"(love)은 다양한 의미들을 함축하고 있다. 이것은 우정으로서의 사랑, 남녀 간의 사랑, 자녀의 부모를 향한 효심, 그리고 부모의 자식을 향한 사랑, 국가에 대한 사랑, 우리 자신에 대한 사랑이다. 그러나 하나님의 사랑은 너무 강렬해서 사랑의 불꽃으로 타오르는 것 없이는 누구도 온전히 이 세상에 그분의 사랑을 노출할 수 없다. 하나님은 그의 현존을 감추고, 다양한 위

---

3) 센터링 침묵기도에 대한 역사와 이론에 대해서 더 알고자 한다면 15장을 보라.

장술을 사용해야 하며, 하나님 사랑의 강렬함이 몸 밖에서 영혼을 압박하지 않도록 부차적인 원인들 뒤로 숨어야 한다. 구체적인 예를 들어 이 사실을 표현하자면, 어거스틴(Augustine)은 성찬식이 우리의 영적 연약함 때문에 하나님이 이 세상에서 우리에게 주신 우유라고 언급한다. 그것은 우리가, 말하자면 이 유아기적 음식을 먹으면서 준비되면 다음 세상에서 우리의 영적 기능들이 하나님의 본질적인 단단한 음식을 먹을 수 있게 된다. 그것을 넘어서는 더 이상의 기쁨은 없다.

하나님의 사랑을 경험하는 즐거움은 영적 여정의 초기 단계에 나타나는 특징이다. 영적인 위로(spiritual consolation)를 위해 하나님을 사랑하는 것은 점점 정화되고, 아가페 즉 무조건적인 사랑으로 변형되는 것이다. 하나님의 사랑은 지칠 줄 모르고 자신을 다 내주신다. 심지어 하나님의 끈질긴 사랑은 무한한 자비와 선을 모든 피조물, 특히 감사, 신뢰, 자기 순복, 그리고 하나님의 사랑을 온전히 즐거워하는 사람들에게 모두 부어 주기 위해 자신을 다 내주시기를 원하고 있는 듯하다.

신비 체험의 정점으로서의 성찬식

만일 여러분이 로맨틱 고전 문학들을 읽어보았다면, 연인들 사이에 사랑의 열정이 너무 강렬해서 연인들이 "서로를 먹어버릴"듯한 욕구가 일 만큼 압도적인 매력이 있다고 표현하는 구절들을 볼 수 있다. 이러한 은유는 모든 가능한 방법들을 동원해서, 심지어는 다른 사람이 되는 한이 있어도 하나가 되고자 하는 연인 사이의 열렬한 사랑의 갈망을 나타내는 것이다. 인간의 이 깊은 사랑은 성찬식의 심오한 의미를 조명해준다. 이러한 관점에서 성찬식은 기독교 신비체험의 정점이다. 성찬을 받을 때 우리는 즉시 삼위일체의 깊은 곳으로 인도된다. 관상기도 수련을 함으로써 이러한 하나님의 에너지가 점차적으로 조금씩 드러나게 되며, 그래서 우리는 이 성례전 안에서 우리에게 주어진 하나님의 빛, 삶과 사랑과 교류를 통해 받은 대단한 선물들을 세밀하게 감지할 수 있게 된다.

성찬식에서 하나님 사랑의 절대 자비는 그 자체를 우리에게 권고하고 있다. 말 그대로 하나님은 우리가 그분을 먹도록, 우리의 손에 그분 자신을 주신다. 이것은 말 그대로 우리가 받고 있는 믿을 수 없는 선물에 대해 가장 거리가 먼 개념만을 가지고 있는 대부분의 우리들에게 그분 자신을 내주시고 있는 하나님의 겸허함(the divine humility)과 하나님의 궁극적 연약함(the ultimate vulnerability)의 근원적인 표현이다.

우리가 성별된 빵과 포도주를 먹을 때, 그것들은 소화되는 자연적 과정을 통해 우리의 몸으로 변모된다. 하지만 어거스틴에 따르면, 성찬을 받음으로써 더 위대한 일이 일어나게 된다. 즉 우리는 하나님의 에너지에 사로잡히게 되고, 하나님을 닮아가는 변형이 일어나게 된다. 우리는 무한한 하나님의 포옹 속에 싸이게 된다. 그것은 마치 성령이 우리 존재의 모든 차원, 몸과 혼과 영에 빛나는 잔잔한 파장들을 일으키며, 하나님의 빛과 삶, 사랑의 고갈되지 않는 에너지로 넘치는 우리 존재의 중심 안에서 크고 깊은 입맞춤을 하는 것과 같다.

그리스도는 성찬식을 통해서 우리에게 온다. 빵과 포도주를 먹게 되는 단지 몇 분 동안이 아니라 그는 영원히 머물기 위해 온다. 더 정확하게 말하자면 성찬식의 은혜는 우리로 하여금 신적 속성과 우리가 신적 연합을 수용할 때마다 증가하는 그의 존재의 친밀함 속에서 이미 우리 안에 현존하는 그리스도를 인식할 수 있도록 해준다.

성찬식은 우리를 그리스도의 신비로운 몸에 살아있는 세포가 되게 한다. 철학자이자 작가인 아서 쾨슬러(Arthur Köestler, 1905-1983)가 말한 바, 내가 1장과 2장에서 다룬 개념인 홀론(holon)이다. 홀론이라는 단어는 "전체"라는 뜻의 그리스어에서 온 것이며, 자신을 포함해서 수없이 많은 상호관계를 맺고 있는 부분들을 포괄하는 유기체 혹은 단위체를 의미한다. 성찬식의 선물을 통해서 우리는 그리스도의 신비한 육체의 더 큰 홀론 안에 존재하는 홀론들이 된다. 즉 우리 각자는 자신 안에

신적 변혁의 전체 프로그램을 갖게 된다. 몸 안의 영혼과 마찬가지로 하나님의 성령은 모든 조직과 세포들을 포함하여 몸 전체에 가득 차게 된다.

신비로운 몸의 각 세포에 내주하시는 성령은 우리가 그리스도의 정신과 마음으로 하나님 나라에 전적으로 참예하도록 변화될 필요가 있는 모든 영적 은사들을 우리의 곳곳에 두신다. 우리가 본 것과 같이, 하나님의 나라는 지정학적 조직이나 물리적인 지역이 아니다. 그것은 예수가 말씀으로 육신을 만들 때 즐겼던 의식의 상태이다. 그것은 아바인 영원한 아버지의 인간적 모습으로서의 그리스도의 경험이다.

예수가 성부를 위해 사용한 아바라는 단어에서 하나님은 항상 가까우며, 우리를 굽어 살피며, 외부로부터 우리를 보호하고, 내부에서 우리를 지키며, 한 발짝 한 발짝 다른 성례전들을 통해 더욱 강화된 세례의 은혜의 온전함으로 우리를 인도하신다.

세례를 통해 부여되는 영적인 능력은 우선적으로 하나님의 내주하심(Divine indwelling)이다. 이는 우리 안에서 지속적으로 이어지는 삼위일체의 삶이며, 하나님과 우리 관계의 원천이다. 하나님의 내주하심과 함께 기독교의 관상 전통에서 영적 결혼이라고 부르는 상태, 즉 우리가 그리스도와 한 몸과 영이 되기 위해서 필요로 하는 모든 것들을 포함하는 선물이 따라온다. 세례는 그리스도와의 약혼이며, 이러한 선물들은 변형된 일치에 대한 기대 안에서 우리에게 주어진 일종의 혼수이다.

하나님의 내주하심에 근거한 선물은 세 가지 신학적 덕목(믿음, 소망, 사랑)과 네 가지 우러나온 윤리적 덕목들(정의, 분별, 자제, 인내), 그리고 바울이 갈라디아서 5장 22-23절에서 열거한 성령의 열매들(사랑, 기쁨, 화평, 온유, 친절, 절제, 인내, 양선, 충성)과 이후 팔복으로 이어지는, 이사야 11장 2절에서 언급된 성령의 일곱 가지 은사(the seven gifts of the Spirit: 지혜, 총명, 모략, 지식, 인내, 경외, 충성)로 이루어져 있다. 이 특별한 은사에 대한 훈련과 매일의 삶 속에서의 발현은 그리스도가 우리의 모든 활동들 속에서, 심지어는 가장 보잘 것 없는 순간에도, 부활의 은혜를 밝히 나타내며, 그리스도가 진정으로 우리 안에서 부활하였다는 증거가 된다. 다른 말로 하면 이러한 은사들은 매우 다양한 구체적 행동들을 통해 우리 안에서 드러나는, 우리가 세례를 통해 받게 되는 은혜의 긍정적 발현이다. 그것들은 우리가 그리스도의 정신과 마음을 받아들여 그것에 동화되어 가는 것을 가능하게 한다.

그 초자연적인 조직과 그 모든 면들은 우리 안에서 동시에 성장한다. 하나가 성장하면 다른 모든 것들도 성장한다. 사랑은 모든 진정한 가치들, 성령의 열매와 팔복의 핵심이자 동기이다. 그것은 하나님의 은사들의 최고의 변형이다. 그것은 우리가 생각과 말, 행동 안에서 성부의 아름다움과 선, 그리고 사랑을 명백히 하도록 힘을 주며 우리 안에 있는 하나님의 형상을 일깨운다.

성령의 은사들이 나타나도록 하는 것으로부터 우리를 붙잡아 매는 것은 거짓 자아이다. 거짓 자아는 영적으로 성장하지 못하도록 하는 원인이 된다. 그리고 그것은 하나님의 형상으로 창조된 존재로서의 근본적 경험을 나타나지 못하도록 잠복시켜 버린다.

chapter 6

영적 여정의 은유로서의
"유대인"과 "헬라인"

    하나님 사랑의 진정한 선물은 사랑이신 하나님, 아바에 대한 그리스도의 경험에 참여하도록 모든 인류를 초대하는 것이다. 사도 바울은 우리가 영적인 여정 속에서 성장해 갈 때 계속적으로 변형된다고 믿었다.

> "우리가 다 수건을 벗은 얼굴로 거울을 보는 것 같이 주의 영광을 보매 그와 같은 형상으로 변화하여 영광에서 영광에 이르니 곧 주의 영으로 말미암음이니라"(고후 3:18).

    우리는 영적 여정을 시작했을 때의 모습과 더 이상 같지 않다. 처음에 영적 여정을 도와주고 긍정적인 효과를 주었던 금욕적인 방법들 혹은 우리의 영적 순례 과정을 지탱해 주므로 전적으로 의존했던 영성수련 방법들은 더 이상 적당하지 않을 것이다. 결국 이제 그런 영성수련은 수정되거나 축소시키거나 그만둘 필요를 느낄 것이다.

바울은 영적 여정을 가는 이들을 위한 은유로서 "헬라인"과 "유대인"이라는 단어를 사용한다. 그들은 진정한 영적 진보를 이루어 왔을 것임에도 불구하고 지금 바울은 보다 발전된 가장 좋은 길을 제시하고 있다. 바울은 말하기를,

> "유대인은 표적을 구하고 헬라인은 지혜를 찾으나 우리는 십자가에 못박힌 그리스도를 전하니 유대인에게는 거리끼는 것이요 이방인에게는 미련한 것이로되 오직 부르심을 받은 자들에게는 유대인이나 헬라인이나 그리스도는 하나님의 능력이요 하나님의 지혜니라. 하나님의 어리석음이 사람보다 지혜롭고 하나님의 약하심이 사람보다 강하니라"(고전 1:22-25).

그가 위에서 언급한 "표적"은 바울이 아마도 영적인 위로, 기적, 카리스마적 은사들, 기도에 대한 구체적이고 즉각적인 응답, 그리고 하나님의 친밀하심과 특별한 보호하심을 보여주는 우연의 일치와 같은 사건들을 생각하고 있는 듯하다. 바울은 우리가 신앙 안에서 성장할 때 표적과 영적 위로들을 기대하는 때도 지나갈 것임을 깨닫기를 원했다. 그는 민족으로서 유대인을 말

하기보다는, 자신이 하나님을 대단히 잘 섬기고 있으며 자신들이 섬기는 이들로부터 존경과 감사를 받을 자격이 있다고 생각하는 사람들에 대한 상징으로서 "유대인"을 지적하고 있다. 그와 같은 열망들이 틀렸다기보다는 바람직하지 않거나 현실적이지 않을 뿐이다. 그것들은 "가장 좋은 길"이 필연적으로 의미하는 순수한 사랑이 부족함을 보여주고 있다.

예수가 사역하는 기간 동안 모든 종류의 기적들을 행하였다는 것이 사실이지만, 그가 이러한 필요성에 대해 다소 후회하였던 것을 감지할 수 있다. 근본적으로 표적이나 기적적인 사건들은 약한 믿음을 강화하기 위한 것이다. 믿음이 일단 잘 확립되면 표적들은 더 이상 필요하지 않으며, 최소한 그리 자주 필요하지는 않게 된다. 우리의 신앙은 자신의 연약함을 지지하기 위한 영적 위로의 느낌들이나 버팀목 없이도 하나님에 대한 확신이 성장하는 것에 근거를 두고 있다.

복음서의 몇몇 곳에서 예수는 발전된 신앙을 가진 사람들을 칭찬하셨다. 가나안 여인은 그녀의 간구에 예수가 무관심한 듯 보이는 상황에서 조차도 신앙을 지킨다. 결국 예수는 기쁨에 넘쳐 "네가 원하는 무엇이든 가질 수 있다"라고 말씀하시는 것같이 "여자여, 참으로 네 믿음이 크도다!"라고 선포하였다.[1]

우리는 또한 왕의 신하에 대한 기록을 본다(요 4:48-50). 이

---

1) 마태복음 15:28을 보라.

신하는 예수에게 와서 집에서 죽어가고 있는 아들을 고쳐 달라고 간청한다. 예수는 "너희는 표적이나 기이한 일들을 보지 않고는 결코 믿으려고 하지 않는다"라고 대답한다.

왕의 신하는 자신의 상황을 말하면서 간청한다. "선생님, 내 아이가 죽기 전에 내려와 주십시오."

예수는 가기를 거절하면서 그 신하를 안심시킨다. "네 아들이 살 것이다"라고 하자 그 신하는 그 말씀을 믿고 집으로 오는 길에, 그의 아들이 예수가 그가 살게 될 것이라고 말한 그 순간 치료되었다는 것을 알게 된다.

이러한 사건들은 예수가 확실히 못마땅해 하며 표적들과 이적들을 행하신다는 것을 가리킨다. 또 다른 경우에 그는 노골적으로 다음과 같이 말씀하기도 했다.

> "음란한 세대가 표적을 구하나 선지자 요나의 표적밖에는 보일 표적이 없느니라. 요나가 밤낮 사흘 동안 큰 물고기 뱃속에 있었던 것같이 인자도 밤낮 사흘 동안 땅 속에 있으리라"(마 12:39-40).

물론 예수는 자신의 고난과 죽음, 부활을 포함하는 사건인 파스카[2] 신비(the Paschal Mystery)를 언급하고 있는 것이다. 이

---

[2] 구약성경의 유월절을 말하며 신약성경 이후에는 고난, 십자가의 죽음, 그리고 부활을 말한다. 이 책에서는 파스카로 옮겼다(역자 주).

제6장 영적 여정의 은유로서의 유대인과 헬라인 73

것이 우리의 신앙이 진전됨에 따라 필요한 유일한 표적이다. 하나님의 구원 계획은 신앙이 약한 사람들을 위한 표적과 이적들의 확증을 준비해 놓고 있다. 파스카 신비는 신앙이 성숙해 가고 있는 이들을 지탱해 주는 궁극적인 표적이다. 그들에게는 더 이상 아무것도 필요하지 않다.

우리의 거짓 자아는 스스로가 만들어낸 세계관을 발전시킨다. 그것을 지지하는 기둥은 다음 두 가지이다. 하나는 행복을 위한 정서적 프로그램이다. 이것은 생존과 안전, 애정과 존경, 힘과 컨트롤의 본능적 욕구에 근거한 행복을 위한 정서적 프로그램들이다. 그리고 또 하나는 자신이 속한 그룹과의 지나친 과잉 동일화(over-identification)이다. 그 그룹은 인종이든 부족이든, 가족이나 국가, 종교, 동료 그룹이든, 아니면 동호회를 막론하고 자신이 소속된 그룹을 의미한다. 우리의 거짓 자아를 계속해서 그 자리에 있게 하는 지지 구조들을 포기하지 않으려는 우리의 마음 내키지 않는 의지(unwillingness)가 모든 죄의 근원(source)이 된다. 주변 상황이 우리의 신앙을 도전할 때에 어떤 사람들은 완전히 무너져서 탄식하기 시작한다. "어째서 하나님이 나를 이런 식으로 취급하시는 것일까?" 그리고 어떤 종교든 막론하고 신자들을 괴롭히는 혼란스러운 물음이 생기기 시작한다. 말하자면 "만약에 하나님이 모든 것들의 주권자라면, 그리고 나는 최선을 다해 그분을 섬기고 있는데 왜 하나님은 내 기도에 응답해 주시지도 않고, 나의 끝도 없는 문제들과 어려움들을 제거해 주시지 않는 것일까?"와 같은 물음이다.

이는 바로 그들의 신앙을 지탱하기 위해 "표적과 기적"을 구하는 사람들이다. 하지만 언젠가는 그들이 인간적 버팀목들이 아닌 오직 하나님만 의지하는 성숙한 신앙을 가지도록 도전을 받게 될 때가 올 것이다.

신뢰 안에서 성장하도록 부르심

신약성경에서, "믿음"(faith)은 일반적으로 "신뢰"(trust)라는 말로 해석한다. 하나님에 대한 믿음은 표적과 기적에 대한 필요를 감소시킨다. 표적과 기적은 계속 일어날 것이며 아마 전보다 더 자주 나타날 수 있다. 하나님이 우리에게 포기하라고 요구하시는 것은 영적 위안의 형태나 경이로운 표적과 기적에 대해 갖는 애착이다. 우리는 하나님을 이 세상에서 그분이 계신 모습대로 볼 수가 없다. 우리는 다만 "거울로 보는 것처럼 희미하게 하나님을"(고전 13:12) 보는 순수한 신앙의 시각으로 만족스럽게 사는 법을 배워야만 한다. 이것은 하나님이 현존하지 않으신다는 것을 의미하는 것이 아니다. 이는 하나님은 우리의 본능적 욕망들이나 그에 바탕을 둔 행복을 위한 정서적 프로그램들을 충족시키기 위해 존재하는 분이 아니라는 것이다. 이러한 정서적 프로그램이나 욕망들을 이제 영적 여정 경험에서 다루려고 한다. 우리가 더 이상 물질적으로 회사와 교회 조직의 사다리를 올라감으로써 행복을 추구하고자 하지 않지만, 우리는 새로운 환경이 제공하는 자기만족(self-gratification)의 상징들 속에서 여전히 자기만족(self-satisfaction)을 위한 프로그램이 진행되고 있는 것이다.

하나님과 우리의 관계 안에서, 하나님은 우리를 처벌하지 않으신다. "하나님은 사랑이시다"(요일 4:16). 어떻게 무한한 사랑이 징계에 관심을 가질 수 있겠는가? 우리는 우리가 잘못 행동하거나 법을 어길 때, 권위자가 어떻게 할 것이라고 추측되는 것을 하나님께 투사하는 경향이 있다.

예를 들면 우리는 자신이 불행한 일을 당할 때 하나님께서 우리로 하여금 고통당하지 않도록 하셔야 한다고 생각한다. 그렇지 않은 상황일 때 불행 당하는 것을 하나님의 심판으로 해석한다. 그러나 이러한 불행은 인간 조건의 상처들을 치유하도록 계획된 은혜의 순간들이다. 재난은 하나님이 우리로부터 그의 사랑을 모두 거두어 가신다는 증거가 아니라, 그보다는 우리가 자신으로부터 더 많이 초연해지라는, 그래서 다른 이들의 변형을 위해 더 많이 헌신하라는 하나님의 부르심이다.

이 문제를 다른 각도로 보자면, 우리는 행복을 위한 정서적 프로그램에 대한 애착이나 하나님이 우리를 어떻게 도와주시리라고 하는 기대가 있기 때문에, 우리가 고난 혹은 재난이라고 해석하는 것들은 종종 우리에게 찾아오시는 하나님의 자비가 되는 것이다. 우리는 하나님이 우리를 어떻게 대해 주셨으면 하는지 지시하려고 한다. 이것은 분명히 순수한 사랑의 열매가 아니다. 이는 오히려 모든 문제들로부터의 자유와 우리의 선한 행동에 대한 풍부한 보상을 기대하는 자기 중심적 사랑이라고 할 수 있다. 만일 우리 기준으로 하나님이 이것을 정확히 보상해 주시지 않는다면, 우리는 봉사를 철회하거나 감소하려고 할 것이다.

바울은 이러한 관점을 다음과 같이 강조해서 가르치고 있다. 우리가 본 바와 같이, "유대인"은 우리가 영적 여정 속에서 의존해 왔던 이전의 도움들이 사라진 데 대해 불만으로 신음하기 시작하는 당신과 나를 가리킨다. 우리는 기도할 때 영적 위로가 있길 원한다. 이러한 영적 성장의 수준에서 "헬라인"은 "지혜"를 구한다. 바울은 그리스 철학자들이 이해했던 "지혜"라는 말을 사용한다. 그리스 철학자들은 "지혜"가 진리에 대한 지적인 비전으로서, 그것에 의해 일상의 기복을 극복하고 지속적인 마음의 평정 상태로 들어간다고 이해했다. 이들은 억압이나 극빈, 혹은 다른 여러 가지 심각한 불의를 극복하는 것을 의미하기보다는 삶의 평범한 상황들 속에서 정서적으로 저조하게 느끼게 하고 고통을 주는 모든 어려움들로부터의 자유를 바라는 순진한(naive) 소망을 말하고 있다. 이들은 아마 경제적 어려움이나 결혼 문제, 사랑하는 이의 죽음, 중독, 노인이 되어 가고 죽음에 임박해 가는 등 살아가는 과정으로서 일반적으로 거치게 되는 모든 것들로 고통과 실망을 경험한다. 이들은 인간사(人間事)의 모든 것 안에 하나님이 현존하신다는 편만한 하나님의 현존을 가르치는 예수의 가르침을 지성적으로 이해하기 어려웠다. 그들은 고난을 통한 인격의 변형이 일어나고 있음은 보지 못하고, 그들의 다양한 어려움과 실망들 속에서 오직 부정적인 측면과 고통만을 보고 있는 것이다.

누룩의 비유대로 살기

여기서 예수가 하나님 나라를 누룩에 비유한 이 비유는 회상해 볼 만하다(눅 13:20-21). 우리가 살펴본 바와 같이 예수의 시대에 누룩은 도덕적 타락의 상징이었다. 그러한 종교적 분위기 속에서 신성한 것들이란 종교적 축제나 신성한 장소, 신성한 사람들을 지칭했다. 예수는 이 비유에서 그렇지 않다고 말씀하고 있다. 하나님의 나라는 종교 의식이나 종교적 축제 안에 국한되어 있는 것이 아니다. 그렇다면 하나님의 나라는 어디에 있는가? 비유에 따르면 그것은 평범하고 세속적인 매일의 삶 가운데 현존하고 있으며 진행되고 있다.

그러므로 예수는 신성함에 대한 그 당시 대중적 개념을 뒤엎은 것이다. 하나님의 나라는 당신이 전혀 생각하지 못한 곳에, 찾으리라고 기대조차 하지 않는 곳에 있다. 아마도 하나님의 나라는 심지어 당신이 찾기를 바라지 않는 그곳에서 가장 활동적일 것이다. 하나님의 나라를 향해 그리스도를 따르는 것은 그리스도를 따르기 때문에 아무것도 우리를 방해할 수 없는 평온함이 늘 있다는 신화나, 모든 물음과 의심에 대한 해답을 받을 수 있다는 신화를 포기하는 것이다. 사실상 우리는 우리 자신 안에서 엄청난 타락의 문제로 씨름하는 자신을 발견할 수 있다.

누룩의 비유는 수도원에 적용될 수 있다. 그것은 길거리나 개인의 집, 병원이나 일터에 적용될 수도 있다. 그것은 산 위, 사막, 빈민가, 전쟁터 어느 곳이든 적용될 수 있다. 만일 당신이 매일의 삶 속에서 하나님을 받아들인다면, 당신은 지금 현재 이 순간에 하나님을 경험하고 즐거워할 수 있다. 만일 일상에서 겪게 되는 문제와 어려움들로부터 당신을 구원해줄 하나님을 찾고 있다면, 당신은 오래 기다려야 할 것이다.

하나님 나라의 본질

살펴본 바와 같이, 예수의 시대에 이스라엘 사람들은 하나님을 초월적이고 접근할 수 없는 존재로 생각하도록 훈련받았다. 그분은 언젠가 로마의 압제로부터 이스라엘을 구원할 하나님이셨다. 하나님 나라에 대한 그들의 기대는 전 세계 모든 민족들이 언젠가는 이스라엘의 통치를 받아들이게 될 것이라고 믿게 했다. 오실 메시아는 두말할 나위 없이 정치적 인물이었다.

누룩의 비유는 이와 같은 일은 절대로 일어나지 않을 것이라고 말하는 것이다. 하나님 나라의 도래는 성공의 이야기가 아니다. 반대로 하나님 나라는 매일의 평범한 일상 속에 있으며, 심지어는 어려운 상황 속에서 더 활동적이고 더 강력하게 나타난다. 하나님을 위한 고난들은 영적 여정을 가속화시키고 우리 안에 깊이 뿌리 내린 일상적인 이기심을 넘어서도록 한다.

예수께서 우리에게 가르쳐주신 하나님은 너무도 가까이 계시기 때문에 당신은 그분을 찾기 위해 어디에도 갈 필요가 없다. 원한다면 당신은 영적 여정을 떠날 수 있으며, 그 길에서 큰 은혜를 받을 수 있다. 하지만 당신은 어디로 갈 필요는 없다. 하나님을 찾기 위한 특별한 장소는 없다. 그리고 가지 말아야 할 장소도 없다. 왜냐하면 하나님은 이미 여기에 계시기 때문이다. 말하자면 그분은 우리 안에 살고 계시며, 우리가 당면한 어려운 순간은 물론 현재의 특정한 상황들 속에도 현존하신다.

우리는 정신적으로나 육체적으로나 어디로 가는 것을 멈춰야 할 필요가 있다. 관상기도의 수련을 통해서, 우리 안에 계시는 하나님의 현존의 신비에 이를 수 있으며, 이타적인 사랑의 실천으로 하나님의 은총의 능력을 분명히 드러낼 수 있다. 이것이 바울이 추천하는 "가장 좋은 길"이다. 그것은 표징과 기적에 대한 필요를 넘어선 적이 없었던 신자들에게는 장애물이다. 하나님과의 일치를 위해 올바른 길에 서 있는 것이 영적 위안과 단순한 증거(표적과 이적 같은)를 추구하는 이들에게는 어리석은 것이다. 반대로 당신이 어디로 가고 있는지 알지 못할 때, 옳은 길 위에 서 있는지 아무 증거도 없을 때, 완전히 혼란스러울 때, 모든 사람들이 당신을 거부하고 나쁘게 말할 때 기뻐하라! 왜냐하면 이것이 하나님의 지혜로 가는 지름길이며 하나님 나라에 참여하는 것이기 때문이다. 하나님의 지혜는 실재에 대한 하나님의 관점을 알려주고, 우리의 눈을 열어서 하나님 나라는 매일의 삶의 어려움 속에서, 그리고 평범한 일상의 삶과 가장 받아들이기 힘든(우리에게) 상황 속에서 가장 잘 접근할 수 있다는 사실을 보게 한다.

chapter 7 **하나님과 춤을**

앞 장에서 우리는 영적 여정의 길을 가면서 전에 의지해 왔던 인간적 버팀목들이 사라질 때의 상황에 대해 언급했다. 이 "사라짐"의 경험은 때때로 심각할 수 있다. 예를 들어 성만찬 참여, 예전(ritual)의 참여, 선행의 실천, 성경 읽기, 그리고 헌신해 온 사역들이 모두 무미건조해지고 죽음과도 같으며 아무런 만족감을 주지 못하고 철저한 실패자가 되었다는 것만이 남아 있음을 알게 될지도 모른다.

그러한 때에 우리는 하나님이 감각적이고 영적인 경험들을 넘어서 순수한 믿음의 단계로 나아가도록 우리를 재촉하고 격려하신다는 것을 기억할 필요가 있다. 믿음이 정화되면서는 초기에 우리 자신에게 도움이 되며 필수적이었던 예전, 기도의 형식, 영적 독서와 같은 영성수련들이 거의 도움이 안 된다.

그토록 혹독하게 시험을 거친 영혼도 여전히 종교적 의무들을 하고 있지만, 거기에는 어떤 만족이 없다. 하지만 우리는 지속적으로 영성수련을 하면서 영적 여정에 대한 순진한 기대감들을 내려놓게 된다. 이러한 과정 속에서 우리 자신의 연약함에 대한 경험과 지지 구조의 붕괴는 자명한 것이다. 영적 여정을 가는 이들은 하나님 나라를 위하여 하나님과 그리스도가 행한 엄청난 사역들에 대해 감사를 드리지만, 하늘이 열리고 하나님 아버지 우편에 계신 그리스도가 나타나시는 감명 깊은 아이디어를 더 이상 즐거워하지 않게 된다. 사실상 하나님이 그들이 하는 일에 대해 더 이상 관심을 가지지 않으시는 것처럼 느끼기도 한다. 그러므로 영적 여정을 가는 사람들에게 여기 하나님 사랑에 대한 바울의 찬양은 대단히 의미가 있다. "사랑은 모든 것을 견딥니다"(고전 13:7). 어거스틴은 이 말씀에 대해 다음과 같이 바꾸어 말했다. "사랑은 견뎌 낼 수 없는 것들을 견뎌 내게 합니다." 다른 말로 하면 하나님께 아무것도 기대할 수 없는 상황일지라도, 우리의 기대감이 쓰레기 더미와 같이 의미 없는 채로 버려질지라도 사랑은 가장 깊은 곳에서 조용하고 평화로이 현존하고 있다는 것이다.

물론 이는 하나님이 우리의 삶을 위해 원대한 비전을 일구어 가기를 바라시지 않는다는 의미는 아니다. 그보다 영적 여정의 목표는 우리 인간의 연약함 속에서도 역사하시는 하나님께 영광을 돌리는 것이다. 영적 여정의 과정은, 광대하고 참으로 무한한 하나님의 지혜(intelligence)는 우리 안에서 역사하고 계시며, 종종 우리도 모르는 사이에 역사하고 계시다는 사실을 우리에게 일깨워 준다. 하나님은 우리의 자유도 존중하지만, 우리가 그분이 원하시는 것을 행하도록 우리의 생각을 바꾸게 하는 방법을 찾으신다. 심지어는 때때로 그것이 당시에 우리의 의지를 거스른다 해도 말이다. 이 하나님의 광대하신 지혜는 표적이나 기적보다 훨씬 더 기본적이며, 모든 것을 품어 안는 실제적 사랑으로서 자신을 드러낸다.

도덕적 완전, 영적 위안, 그리고 황홀할 정도의 경험에 대한 우리의 기대는 점점 산산소각 나 버리고 만다. 이와 같은 영적 경험의 이점들은 영적 여정을 막 시작한 이들에게 필요할지 모른다. 하지만 영적 여정의 핵심은 이러한 영적 경험들에 근거하지 않는다. 그보다 오히려 영적 기능들(faculties)과 태도 그리고 동기(motivation)의 변형에 있으며, 우리의 모든 활동들, 심지어 가장 세속적이고 하찮은 순간조차도 하나님이 가까이 계시다는 확신이 성장하는 데에 근거를 둔다. 이 말이 놀라운가? 만일 하나님이 원자와 미생물들, 쿼크(quark)[1]를 만드셨고, 한 마리의 새가 땅에 떨어지는 것을 아신다면, 하나님이 당신의 사랑하는 자녀요 친구인 우리에게 그토록 관심을 가지신다는 것이 뭐 그리 놀라운 일인가?

---

[1] 양자물리학에서 소립자를 구성하는 기본적인 입자(역자 주).

하나님의 춤

영적 여정 속에서 하나님은 우리와 매우 가까우면서도 우리에게서 숨어 계신다는 양면성의 관계를 어떻게 설명할 수 있을까? 기독교 전통은 이를 신앙생활이라 부른다. 그것은 하나님에 대한 우리의 신뢰가 인간적 버팀목이나 영적 위로에 바탕을 둔 것이 아니라 하나님의 무한한 자비와 용서, 보이지 않는 보호하심에 대한 끝없는 확신에 근거를 둔 관계성인 것이다. 우리는 성부, 성자, 성령, 그리고 죽었다가 다시 살아나신 그리스도 예수 안에서 안식을 얻는다.

사랑이 더 많아지게 되면 사람들은 그 순간 자신이 하나님의 도구라는 것을 느끼게 된다. 아마도 그것은 일반화하기에는 너무나 개인적인 경험일 것이다. 하지만 나는 그러한 일들이 수많은 사람들 가운데 일어나는 것을 보아 왔다. 만일 그들이 어떤 영적 은사들을 받았다면, 그것은 마치 그들이 영적 은사들을 사용할 필요 때문에 누군가가[2] 지원하고 있는 에너지와 영감을 느낄 것이다.

그러한 사람은 정확한 시점에 집어 들게 되는 연필과 비교될 법하다. 무언가를 쓰거나 말하도록 영감을 받으면, 그 사람은 성령께서 자신을 통해 역사하고 계시다는 것을 알 것이다. 그것

---

2) 성령(역자 주).

은 물론 성경의 저자들이 받았던 일련의 영감과는 다른 것이다. 그러나 이러한 사람들은 그들이 가지고 있는 에너지가 그들 자신으로부터 연유한 것이 아님을 알고 있다. 성령께서 연필을 내려놓으실 때, 그들의 에너지의 원천 역시 사라진다. 그리고 그들은 이 역동적인 현존3)이 그들을 다시 들어 올리기 전까지, 하나님 나라를 위해 필요한 일을 감당할 수 없는 무능함으로 가득 차 있다는 것을 느끼게 된다.

그러한 일이 일어나는 경우는 삶의 여러 가지 상황들만큼이나 다양하다. 그런 사역을 보면 육아, 다른 이들을 위한 섬김, 그리고 정의와 평화에 관련된 일 등이 있다. 이러한 모든 것들은 구약성경의 예언자들과 신약성경에 따르면 하나님의 지대한 관심사이다. 좀 더 나아가 우리가 하는 모든 것은 하나님의 사역의 방식일 수 있다. 즉 변호사, 의사, 할머니, 교사로서 하나님의 사역을 할 수 있고, 그리고 죄수, 노숙자, 혹은 그저 병자로서도 하나님의 방식으로 하나님의 사역을 할 수 있다는 말이다.4) 하나님의 나라는 평범한 일상의 환경 속에 존재하기 때문에 우리 안에 운행하시는 성령에 대한 민감성을 증가시키는 데에 도움이 된다. 그러한 경우에 매일의 삶은 하나님과 춤을 추는 것이 될 수 있는 것이다.

---

3) 성령(역자 주).
4) 하나님은 죄수, 노숙자, 병자를 통해서도 사역하신다는 의미이다(역자 주).

만일 당신이 최상의 볼룸 댄스를 추는 커플을 본 적이 있다면, 당신은 그들의 스텝이 완벽하게 동시에 움직이고 있다는 것을 기억할 수 있을 것이다. 그들은 항상 동시에 빠르게 돌고, 멈추기도 하고, 다시 시작하기도 한다. 그들의 몸은 매우 가깝게 서로 엮여 있어서 당신은 그들이 퍼즐의 조각들처럼 서로에게 묶여 있다고 생각할 것이다. 하나님의 사랑은 우리의 댄스 파트너이다. 그리고 우리를 춤의 움직임과도 같은 매일의 삶의 구체적인 순간들에 응답하도록 초대하신다. 사람이 행하는 모든 것들, 즉 걷기, 앉기, 숨쉬기, 말하기, 일하기, 놀기, 먹기, 잠자기 등은 하나님과 춤추는 것을 명백히 보여준다. 우리는 하나님과 함께 파트너가 되어 함께 공동으로 춤을 만들어 낸다. 창조주는 춤의 리더가 되어 우리와 공유하기를 원하는 각 움직임의 시간과 장소, 속도를 정한다.

하나님과 함께 추는 춤은 바울이 기록한 하나님 사랑을 실천하도록 하는 방법이다. 사도 바울의 말씀을 다시 회상해 보면, "사랑은 친절합니다. 사랑은 시기하지 않으며, 뽐내지 않으며 교만하지 않습니다‥사랑은 모든 것을 견딥니다"(고전 13장). 당신은 이 본문으로부터 파트너이신 하나님께서 어떻게 우리를 이끄시는지 직관적으로 알 수 있다. 모든 행동은 완벽하게 안무가 짜인 듯하다. 다른 이들은 그것이 너무 평범해서, 그 춤을 전혀 인식하지 못할지도 모른다. 이는 마땅히 있어야할 것들과 아주 잘 조화되기 때문에, 신앙의 눈을 가진 이가 없다면 무슨 일이 일어나고 있는지 완벽하게 알아차릴 수 없다.

chapter 8 **하나님의 내주하심**

우리가 하나님의 사랑을 춤을 추는 것으로 기교 있게 표현하는 것은 관상기도의 수련에 근거한다. 관상기도는 세례의 은총에 근거를 두고 있다. 누구나 세례를 받고 신앙이 성장하여 여기에까지 이른 것이다. 교리적으로 하나님의 내주하심은 삼위일체(성부, 성자, 성령)가 우리 안에 항상—아침, 점심, 저녁—현존하시고 그리고 우주 안에 다른 어떤 것들이 존재한다고 본다면 우주의 어느 곳에나 존재하시는 하나님의 현존을 인정하는 것이다. 존재하는 모든 곳에 "계심"(Is-ness)으로 존재하시는 하나님은 현존하신다. 그렇지 않다면 존재하는 것 속에서 "계심"(Is-ness)에 대한 어떤 특별한 표현을 가진 것은 아무것도 없다.

관상기도를 규칙적으로 수련함으로써 신앙은 계속 성장하게 된다. 신적 현존에 대한 감각은 이차원 혹은 삼차원적 공간과 시간을 더한 사차원적 시공의 연속체가 된다. 우리 안에 현존하시는 하나님은 다른 모든 것들 안에 현존하시는 하나님이다. 그러므로 우리에 관해서 중요한 것은 우리가 아니라 우리 안에 있는 신적 현존, 다른 말로 하면 다른 모든 것들 안에 현존하시는 하나님과 관계를 맺는 우리 안에 계신 하나님이다.

실재(reality)에 대한 우리의 관점이 하나님의 현존에 민감해질 필요가 있다. 그리하여 우리는 적절하게 그리고 계속적으로 하나님과의 춤에 참여할 수 있게 된다. 하나님의 내주하심은 우리로 하여금 가장 역동적인 파트너이신 하나님과 관계 맺도록 한다. 그것은 우리가 우리 안에서 역사하시는 성령의 감동하심에 기꺼이 응답하고 있다는 것을 전제로 한다.

성령은 하나님의 역사가 일어나기를 바라는 복잡한 과정들을 통해 우리의 몸, 혼, 영을 인도하신다. 하나님은 관중이나 박수갈채를 바라지 않으신다. 그분은 그저 우리 각자와 즐거이 춤추기를 즐기신다. 하나님에게는 놀이의 속성(playful character)이 있기 때문이다. 창조주 하나님의 기쁨에 넘치는 유머감각을 깨닫기 위해서, 당신은 단지 껑충껑충 뛰어다니는 양들과 같은 동물들을 바라보기만 하면 된다. 만일 당신이 예수가 그의 제자들을 어떻게 다루었는지를 살펴보면 예수는 그들의 실수 때문에 괴로움을 당하지 않았으며, 때때로 점잖게 그들을 놀려 준 모습을 볼 수 있다.

하나님의 내주하심은 관상기도의 원천이다. 관상기도는 우리 안에서, 그리고 우리들 사이에서 하나님의 현존과 역사하심에 동의하는 데 대한 우리의 주의력에 초점을 두는 수련으로서 이러한 수련을 끊임없이 새로이 할 필요가 있다.

"너희는 너희가 하나님의 성전인 것과 하나님의 성령이 너희 안에 계시는 것을 알지 못하느냐"(고전 3:16).

이 내주하시는 하나님의 현존은 센터링 침묵기도 수련의 주요한 신학적 바탕이 된다. 다른 관점에서 볼 때, 센터링 침묵기도 수련은 침묵이라는 하나님의 언어를 배우는 방법이다. 그러므로 관상기도를 하는 동안 우리는 수용적인 태도를 받아들이게 되고, 우리의 일반적인 심리적 작용들이 일어나도록 허용하게 된다. 침묵은 진실하고도 심오한 형태의 대화이다. 그것은 우리로 하여금 우리 존재의 영적 수준에 매력을 느끼게 하고 직관과 영적 의지의 단계, 나아가 그 단계를 넘어서서 참 자아로 이끈다. 참 자아는 하나님의 형상으로서의 우리의 모습을 보여 준다.

센터링 침묵기도는 우리가 하나님의 사랑을 받는 데 장애가 되는 것들을 감소시켜 준다. 그리고 우리가 하나님의 춤에 참여할 수 있도록 우리의 능력을 확장시킨다. 춤을 잘 추게 되면, 그 춤은 세상에서 가장 쉬운 것처럼 보인다. 성령의 열매들의 훈련은 매일의 활동들이 적절하게 모든 상황에 적응하는 영적 자세를 형성해 준다.

성령의 열매 중 하나는 온유함이다. 하나님은 아원자(subatomic) 같은 작은 것에서부터 은하계보다 더 큰 수준의 놀라운 활동들을 그리 큰 노력 없이 운행하신다. 하나님의 영감을 받은 모든 일들은 그 온유함에 참여하게 된다. 예를 들어, 어떤 사람들은 하나님의 뜻을 이루기 위해서 열심히 일을 한다. 그리고는 한 발짝 물러서서 마치 그 자신은 아무것도 하지 않은 것처럼 이루어지는 결과를 받아들인다. 그 이상의 하나님 나라를 위한 노력은 하나님의 내주하심의 내적 원천으로부터 나온 것일 때 지치지 않는다. 그것들이 극도로 심한 정력을 필요로 하는 일일지라도, 내적으로는 스트레스가 없다. 이 특정한 온유라는 성령의 열매에 이르지 못한 이들이 선한 일을 할 때에 성공이나 통제에 대한 욕구는 선한 일을 훼손시킬 것이다. 그들은 영적 여정에 있어서 영적 성장을 포함하여 모든 것들이 그들에게 달려 있다고 잘못 생각한다.

우리 자신 안에 내려놓아야 할 필요가 있다고 인식되는 수많은 장애물들을 내려놓아야 하는 것이 사실이다. 하지만 하나님은 우리에게 어떤 것도 우리의 노력의 대가로 획득할 것을 요구하지 않으신다. 우리가 하나님의 사랑이나 혹은 은총을 획득하기 위해 어떤 대가를 지불해야 한다고 가르치거나 암시하는 종교적 가르침은 잘못된 것 중의 하나이다. 어떤 이들은 그들이 하나님에게 아무런 가치가 없는 존재라고 생각한다. 가치가 있다는 것이 문제가 아니다. 만일 우리가 무로부터 창조되었다면 더 이상 잃을 것이 무엇인가? 그럼에도 불구하고 문화적이거나 종교적인 가르침 때문에, 어떤 이들은 사랑받을 존재가 못된다고 느낀다. 이것은 하나님과 관계를 맺을 때 영향을 미친다. 그들은 자기 자신을 생각하는 방식 혹은 그들이 다른 사람을 생각하는 방식을 하나님께 투사한다. 예를 들어서 "이 사람은 전혀 선한 구석이 없다. 누가 과연 그녀를 사랑할 수 있단 말인가? 왜 누구도 그를 쏴 죽이지 않았을까?"와 같은 생각을 하나님께도 같은 방식으로 투사한다. 그러나 하나님은 다음과 같이 말씀하신다.

"이는 내 생각이 너희의 생각과 다르며, 내 길은 너희의 길과 다름이니라. 여호와의 말씀이니라"(사 55:8).

하나님은 인간들이 생각하는 방식으로 생각하지 않으신다. 복음서는 하나님의 사랑을 인간의 노력으로 얻어내는 법에 관한 가르침이 아니다. 왜냐하면 우리는 이미 사랑을 가지고 있기 때문이다. 복음서는 그 사랑을 받고 있음(receiving)에 관하여, 그리고 감사함에 관하여 기록하고 있다. "하나님께서 우리에게 주신 성령을 통하여 그의 사랑을 우리 마음속에 부어 주셨기 때문입니다"(롬 5:5).

  센터링 침묵기도를 할 때 우리는 우리의 기본적인 선함을 인정받는 동시에, 매우 깊고도 정직한 자기 인식으로 우리를 인도하시는 하나님의 현존을 경험하게 된다. 우리는 우리 안의 자기중심적인 것들을 포기하고, 우주로서의 위대한 "나"로 자아(ego)를 바라보려고 하는 것을 내려놓도록 요청받는다. 그 반대로 하나님은 필요 없다고 느끼는 느낌은 신경증에 가까우며 쓰레기통에 버려야 한다. 모든 사람은 하나님을 필요로 한다. 그것은 가치가 있느냐 없느냐의 문제가 아니다. 문제는, 큰 잔치의 세 번째 부류의 사람들처럼 들어와서 연회를 베푸신 그분, 하나님과 함께 앉을 것이냐 하는 것이다. 당신은 하나님의 환대를 받아들이고 하나님과 다른 초대된 손님들과 춤을 추겠는가? 인간의 조건, 그것의 기쁨과 슬픔들, 그것의 평범함, 그리고 그것의 상실들을 하나님과 함께 나누는 것이 춤을 구성한다. 이러한 경험들은 우리에게 관상기도의 비할 바 없는 유익을 가르쳐준다. 그것은 분수에 넘치는 사랑의 교육이다.[1] 누구도 그들의 황량한 사막과 같은 인격에서 온전한 사랑으로 변형될 수 없다. 이것은 다만 하나님의 아낌없는 선물의 결과로만 가능하다.

---

[1] Marilyn Mallory, *Christian Mysticism: Transcending Techniques* (Amsterdam: Van Gorcum Assen, 1977).

chapter 9 **그리스도의 구속의 가치**

　관상기도는 우리의 구속, 즉 그리스도의 고난, 죽음, 음부로 내려가심, 부활과 승천을 의미하는 파스카 신비에 근거를 두고 있다.

　그리스도 자신이 고난, 죽음과 음부로 내려가는 것을 택한 것은 세상을 구원하기 위해 그의 희생이 얼마나 큰지를 깨닫게 해준다. 이러한 끔직한 사건들은 무엇을 의미하는가? 적어도 이것은 하나님 자신이 인간의 극심한 고통을 주는 죽음과 그 외 모든 고난을 친히 경험하셨다는 것을 의미한다. 더욱이 이것은 하나님이 단순히 멀리서 우리의 노력에 박수를 보내고 우리의 실패에 슬퍼하는, 인류 역사나 개인적인 멜로드라마의 방관자가 아니라는 것을 깨닫게 해준다. 그분은 모든 고난 가운데에서 우리와 함께하신다. 예수가 십자가에 못 박히는 그 순간, 불가능한 일이 벌어졌다. 하나님이 죽은 것이다.

예수는 사적이든 공적이든, 우리가 원하는 것을 주기 위해 혹은 원하지 않는 것을 주지 않으려고 다른 사람들의 권리와 우리의 진실한 선을 짓밟는 행동들에 개입하고 책임을 졌다. 다음은 아마도 성경의 모든 말씀 가운데에서 가장 특별한 말씀이다. 바울은 기록하기를:

> "하나님이 죄를 알지도 못하신 이를 우리를 대신하여 죄로 삼으신 것은 우리로 하여금 그 안에서 하나님의 의가 되게 하려 하심이라"(고후 5:21).

하나님은 단순한 의지의 행위로 죄를 용서하실 수 있었다. 문제가 되는 것은 죄의 결과이다. 일반적으로 이것은 하나님, 다른 사람들, 그리고 우리 자신으로부터 소외시키는 죄책감, 굴욕감, 좌절감과 같은 감정들이다. 그와 같은 성향은 우리의 양심에 거슬리는 자연적인 형벌이다. 그것들은 하나님께 상처를 준다. 왜냐하면 그것들이 우리에게 상처를 주기 때문이다. 하나님은 우리를 사랑하시고 우리가 불필요하게 고통당하는 것을 원하지 않으신다. 이러한 하나님의 사랑의 증거로, 그리스도는 하나님의 무한한 자비의 심연 속에서 그의 고난과 죽음, 그리고 음부로 내려가심으로 우리의 심리적이고 영적인 고통들을 모두 떠맡으셨으며, 죄와 그 결과들을 없애 버리셨다.

죄책감에 대한 고뇌는 만일 우리가 그것을 받아들인다면, 우리의 개인적인 구속(redemption)이 나타나는 정확한 지점이 된다. 우리가 죽기까지 자신을 낮추시어 실패한 것같이 보이는 하나님과 우리 자신, 그리고 다른 이들에 대한 사실을 받아들일 때—혹은 우리의 양심에 어떠한 잘못된 행위가 무겁게 자리를 잡고 있는 것은 무엇이나—하나님은 우리의 고통을 그분에게로 가져가셔서 그것을 치유하신다. 우리가 느끼는 고통은 일단 완전히 받아들이기만 하면, 우리로 하여금 진정한 우리 자신이 되도록 도와준다.

하나님 앞에서 무가치하다고 느끼기보다는, 우리는 큰 잔치의 비유에서 보여주듯이 하나님이 우리의 고난에 함께하신다는 사실을 인식해야 한다. 고난은 하나님의 노여움을 나타내는 것이 아니라, 그보다는 우리를 당신의 구속 사역의 온전함으로 안내하시는 그분의 욕구를 나타낸다. 물론 하나님의 구원의 과정은 우리의 개인적인 치유의 과정뿐 아니라 전 인류의 치유까지 확대된다. 인류는—과거, 현재, 그리고 다가올 미래에도—하나님이 변형시키시는 사랑의 대상이 된다. 우리가 영적 여정을 계속해 갈 때, 우리를 변형시키시는 하나님의 사랑은 그분이 우리를 이끄시는 무한한 자비의 운동에로 향하게 한다. 심지어는 순교보다도 관상기도가 더 파스카 신비에 심오하게 참여하는 것이다. 즉 소화 테레사(St. Therese of Lisieux)가 관상기도를 사랑의 순교로 표현한 것처럼 말이다.

겟세마네 동산에서의 고뇌

파스카 신비 속에서 인간의 조건에 대한 그리스도의 동화(assimilation)는 세 단계로 구분할 수 있다. 겟세마네 동산에서의 그의 고뇌, 십자가 죽음, 그리고 음부로 내려가심이다.

첫 번째 단계는 동산에서의 고뇌이다. 이는 예수가 체포되던 날 밤 제자들로부터 떠나 돌 던질 만큼 떨어진 곳에 가서 기도하신 장소이다. 슬픔에 압도당한 제자들은 잠에 빠져 버렸다. 예수는 무한히 선하신 하나님 아버지로부터 요청받은 것의 실현을 결말짓기 위해 홀로 기도한다. 예수는 여기서 모든 종류의 축적된 인간의 고난인 전 역사의 엄청난 도덕적 타락과 자신을 동일시하고 있는 것이다. 이 모든 죄책감의 공포는 어떤 면에서 그가 마셔야만 하는 잔 안에 들어 있다. 그것은 단순히 상징적인 것이 아니라 사실이다.

지옥은 단지 장소라기보다는 하나님으로부터 거부당했다고, 모든 사람들로부터 버림받았다고 느끼는, 그래서 자기 스스로를 경멸할 수밖에 없는 이의 의식의 상태이다. 이것은 또한 전쟁, 테러, 박해, 망명, 투옥, 뼈에 사무치는 가난, 육체적이고 정신적인 질병, 절망적인 고독, 그리고 모든 종류의 불의를 포함한 비인간적인 상황들의 잔인한 결과를 의미한다. 인간의 엄청난 비참함, 그리고 인간의 악의에 가득 찬 원천이 하나님 아버지가 그에게 마시라고 하신 잔 안에 있는 것이다. 예수는 울부짖는다. "아버지, 하실 수만 있으시면 이 잔을 내게서 지나가게 해주십시오"(마 26:39).

이 절규는 이렇게 재해석된다. "아버지, 하실 수만 있으시면 내가 처해 있는 이 고통의 심연을 없애 주십시오. 나는 고뇌로 죽어가고 있습니다!" 이것은 무한하신 하나님을 향한 인간적 연약함과 죄성에 대한 예수의 울부짖음이다.

하지만 곧 예수는 덧붙인다. "그러나 내 뜻대로 하지 마시고, 아버지의 뜻대로 해주십시오!" 이것은 무한하신 하나님을 향한 사랑의 목소리이다.

십자가의 죽음

파스카 신비의 두 번째 단계는 십자가의 죽음이다. 예수는 더 이상 그의 아버지를 아바라고 부르지 않고, 시편 22편 1절에서와 같은 비참한 탄원을 언급한다. "나의 하나님, 나의 하나님, 어찌하여 나를 버리십니까?" 다른 말로 하면, "어떻게 당신의 사랑스런 아들인 나를 버리실 수 있습니까?" 이 물음은 십자가 위의 예수가 인간의 죄와 고난의 결과를 담당하셨을 뿐 아니라 하나님의 아들로서의 그의 정체성을 포기한다는 것을 의미한다. 이는 다른 어떤 계시보다도 더 많이, 사랑은 너무도 위대해서 사랑을 위해서 사랑 그 자체를 포기할 준비가 되어 있다는 것을 명백히 드러내는 행위이다.

음부로 내려가심

파스카 신비의 세 번째 단계는 예수께서 음부로 내려가심이다. 신학자 한스 우르스 폰 발타자르(Hans Urs von Balthasar, 1905~1988)에 따르면, 예수의 음부 하강은 자신을 죄와 동일시하고 그 죄를 짊어짐으로 구속하는 결정적인 완성의 사건이 되었다고 했다.

예수가 인간의 "죄악성을 짊어지셨다"는 것은, 그가 단지 우리의 개인적 죄나 사회적 공범죄의 자연적인 결과인 소외감, 배신감, 그리고 영적 고독과 같은 육체적이고 정신적인 고통뿐 아니라 하나님과 반대자가 되는 영적인 고통을 경험했다는 것을 의미한다. 음부(지옥)의 가장 큰 고통은 무한한 선과 사랑의 현존 속에서 그것을 배신해야 한다는 것을 자각하면서 그 안에 거하고 있는 것이다. 그러한 면에서 하나님 앞에 선다는 것의 공포는 지옥 그 자체보다 훨씬 더 지독한 고통이 될 수 있다. 그리고 그것은 이해할 수 없는 고문을 당하는 것과 같을 것이다. 그러한 상황 하에 있는 사람에게는 하나님이 존재하시지 않는 것이 차라리 커다란 자비일 수 있다.

우리가 양심에 반하는 행동을 할 때, 우리는 일반적으로 자신에 대한 부정적인 감정을 갖게 되고, 하나님의 현존을 향해 나아가거나 하나님을 생각한다는 것을 부끄럽게 여긴다. 우리가 이러한 부정적인 감정들을 받아들이고 돌이켜 하나님께 용서를 구할 때, 우리는 해방된다. 왜냐하면 우리의 고통이 곧 그의 고통이기 때문이다. 그분은 모든 사람들과 모든 것들을 용서하심으로 세상의 모든 죄를 없애 버리신다. 그러나 죄의 결과물—죄책감, 자기 부정, 그리고 자기 혐오—은 인간의 조건으로 계승된다. 우리가 이러한 치명적인 것들에 계속 매달려 사는 것은 우리의 자유이다. 하지만 그것들과 동일시하신 그리스도는 우리가 그것들에 대한 책임감을 받아들이고 우리 모습 그대로를 그분에게 드릴 때,[1] 그 모든 것들을 없애 주신다.

우리가 우리 자신 안에서 가장 싫어하는 것은 직접적으로 하나님과의 일치로 향하는 길일 것이다. 하나님은 우리가 과거의 잘못들에 대해서, 그리고 우리의 양심이 짊어지고 있는 어떤 원

---

[1] 센터링 침묵기도에서 자신의 무거운 짐을 주께 맡기고 쉬기만 하는 기도를 하면(역자 주).

하지 않는 기억이든지 간에 우리 자신을 용서하기를 바라신다. 그에 관한 꽤 많은 예들이 있는데, "나는 우리 아이들한테 잘하지 못했어…." "군인으로서, 나는 힘없는 죄인을 쐈어…." "어떻게 내가 가족을 버릴 수가 있었지?" 등이 그러하다.

하나님의 고통

예수가 인간의 죄악성을 짊어지는 것은 모든 면에서 아버지께 반대가 되는 것이며, 아버지에게 무한한 고통이며, 자신의 사랑하는 아들이 당하는 배신의 고통을 아셨음에 틀림이 없다. 그래서 예수의 고난과 죽음은 하나님 아버지의 고난과 죽음과도 마찬가지였다.

예수가 인간의 죄악성을 짊어진 것, 그것이 아버지의 의지의 표출임에도 그의 아바에게 무한한 고통이 될 수 있음을 알고 있었다. 왜냐하면 그것은 그가 그를 향한 아버지의 무한한 사랑을 거절하는 것을 의미했기 때문이다. 겟세마네 동산에서의 예수의 절박한 기도를 달리 말하자면, "아버지, 어떻게 저에게 죄를 지으라고 하실 수 있습니까? 그것이 당신께 끝없는 고통을 줄 텐데요"라는 기도였다.

죄의 본질은 곧 하나님으로부터의 분리이다. 예수께서 성찬의 잔을 마시는 것은(십자가의 죽으심을 의미) 하나님의 사랑스런 아들이라는 자신의 정체성으로부터의 분리를 의미했다. 나아가 더욱 가슴 아프게도, 인간의 죄악성을 짊어진 예수의 정체성은 아버지의 사랑 그 자체를 거부함을 의미했고, 그것은 아버지에게 모든 육체적, 정신적, 영적인 고뇌를 넘어서는 고통을 주었다. 이것이 하나님의 고통이며, 하나님께서 받으신 직접적인 가장 깊은 마음의 상처이며, 신성 그 자체의 본질을 찌르는 아픔이기도 하다. 그것은 아버지에 관한 모든 것을 부정하는 것이다. 하지만 그 동기는 사랑이다. 하나님 아버지는 사랑 그 자체보다 더 크시기 때문이다.

성부는 모든 가능성을 가지신 전능하신 분이므로 성부를 아버지라고 부르는, 성부가 그토록 사랑했던 성자에 의해서 하나님의 전능하신 속성과 가능성이 철저히 무력화되고 거절당하는 하나님의 비하하심이 더욱 생생하고 분명하게 나타나지 않았는가?

"그러나 내 뜻대로 하지 마시고 아버지의 뜻대로 하옵소서"라고 한 예수의 말씀은 바로 그 최후의 순간에 세상을 구원하기 위해 그의 하나뿐인 사랑하는 아들을 포기하는 성부 하나님이 있는 모습 그대로 그를 수용하는 것을 표현하고 있다.

"아버지께서 나를 사랑하신 것같이 나도 너희를 사랑한다" (요 15:9). 아들은 그가 성부로부터 받은 동일한 사랑을 전달할 준비가 되어 있다. 그 사랑은 배신을 넘어서서 무조건적이고 영원한 사랑 그 자체를 명백하게 드러내는 사랑이다.

의식 상태로서의 음부는 예수가 죄악성을 짊어지고 음부로 내려가서 고통을 당하므로 소외당하고 배신당하는 것을 증언하는 것이다. 예수는 죄와 죄인들을 자신과 동일시함으로써 성부의 낮아지심을 가장 극명한 방법으로 보여주었다. 세상의 죄들을 없애시고 죄 그 자체를 무조건적인 사랑으로 변형시킴으로써, 예수는 우리를 자신과 동일시함으로써 하나님의 생명을 최대한 우리와 나누시려는 하나님의 뜻을 계시한다. 그리스 교부들은 이를 "신화"(神化, divinization)라고 불렀다.

부활의 은혜

예수는 인간 조건과의 동일시와 아버지와의 의식적인 일치의 상실 사이의 풀리지 않는 이중적 속박 상태에서 죽는다. 예수의 부활은 이에 대한 아버지의 반응이다. 부활은 예수뿐 아니라 우리를 위해서 새로운 삶을 완전히 열어 놓은 것이다. 이것은 인류 역사에 중대하고 결정적인 순간이다. 그 결과로 하나님과의 합일의 의식이 지속적으로 모든 인류에게 가능해진 것이다.

그리스도가 영화롭게 됨으로써 그는 우리도 그와 같은 영화로운 몸으로 변형되도록 하였으며, 신적 행복을 우리와 함께 나눈다. 알렐루야는 부활의 노래이다. 그것은 부활을 내적으로 경험한 사람들의 외침이다. 부활한 그리스도 안에서의 찬양과 감사, 그리고 끝없는 확신은 하나님과의 일치라는 황홀한 경험을 분출한다. "그리스도가 부활하였다!"는 것은 단순히 몇몇 역사적 증인들의 외침이 아니다. 그것은 수 세기를 걸쳐 지나가는 열광주의 형태가 아닌 누구도 흔들 수 없는 확신의 형태로 그리스도가 그들 안에 부활하심을 깨달은 모든 이들의 외침이다. 유월절 촛불을 통해 전파되는 그리스도의 빛은 그와의 영원한 일치, 그리고 우리의 모든 삶의 모습을 빛나게 변화시키는 능력을 예배 의식의 차원에서 나타내는 것이다.

승천의 은혜

승천의 은혜는 한층 더 놀라운 일치, 영원한 삶과 사랑으로의 더욱 황홀한 초대를 제공한다. 이것은 우주적인 그리스도로 들어가는 초대이다. 이것은 또한 그의 성육신, 죽음 그리고 부활에 대한 하나님의 예지로 된 구원의 방법으로 이 세상에 항상 현존했던 하나님의 말씀이자 그의 신적 인격

(divine person)으로 들어가는 길이다. 그리스도는 "세상에 와서 모든 사람을 비추고 있는 참 빛이다"(요 1:9). 그리고 가장 기대하지 않은 숨겨진 방법으로 비밀스럽게 일하시는 하나님이다. 이것이 어떤 지정학적 위치가 아닌 모든 피조물들의 마음속으로, 구름을 넘어서 승천하여 사라진(행 1:9) 그리스도인 것이다. 특별히 그리스도는 우리 존재의 가장 깊은 곳을 관통하며, 우리의 분리된 자아의식은 그의 신성(divine Person)에 녹아 들어간다. 그러면 우리는 그분의 영의 직접적인 영향력 아래 행동하도록 능력을 부여받는다. 그러므로 우리가 음식을 먹는다거나 거리를 걸을 때에도, 그것은 우리 안에 살아계신 그리스도가 우리 안에서 우리와 세상을 변화시키고 있는 것이다. 이 변형은 평범한 모습으로 우리에게는 외관상으로 중요하지 않은 일상에서 나타난다. 바울이 이에 대해 "이제는 내가 사는 것이 아니요 오직 내 안에 그리스도께서 사시는 것이라"(갈 2:20)고 표현했다.

승천은 그리스도가 영화된 인간성을 가지고 지금 거하시는 모든 피조물들의 중심으로 돌아가셨음을 의미한다. 이러한 현존의 신비는 모든 창조의 구석구석에 숨겨져 있다. 최후의 날이라고 예언했던 역사의 어느 순간에, 우리의 눈이 열려서 지금은 그저 믿음으로만 알고 있는 그 실재를 있는 그대로 보게 될 것이다. 그러한 믿음은 모든 피조물과 피조물 각자의 중심에 내주하시는 그리스도가 모든 피조물을 하나님 아버지 품으로 돌이키고 있는 것을 보여준다. 그러므로 삼위일체의 최대의 영광은 모든 피조물과 그 능력에 따라 신적인 생명(the divine life)을 최대한 공유함으로써 성취된다는 것이다. 즉,

> "영원부터 만물을 창조하신 하나님 속에 감추어졌던 비밀의 경륜이 어떠한 것을 드러내게 하려 하심이라"(엡 3:9).

승천의 은혜는 무슨 일이 일어나도 하나님의 뜻이 이루어진다고 믿는 무제한적 신앙이다. 이러한 신앙은 피조물이 하나님의 자녀들에 대한 완전한 계시를 기다리면서, 숨겨진 방식으로 이미 영광받고 있다는 것이다. 승천의 은혜는 모든 것들이 상반되는 듯 보임에도 불구하고 우리로 하여금 모든 것들을 그리스도를 향하여 변화시키는 성령의 저항할 수 없는 능력을 인지할 수 있도록 한다. 빈민가의 비참함 속에서, 전쟁터와 수용소의 공포 속에서, 그리고 불화로 갈라진 가정 속에서, 고아원과 양로원 혹은 병동의 외로움 속에서, 더 엄청난 형태의 악으로 파괴시키는 모든 것 속에서 승천의 빛은 저항할 수 없는 능력으로 타오르고 있다. 이것은 신앙의 가장 위대한 직관 중의 하나이다. 이러한 신앙은 자연, 예술, 인간관계, 그리고 다른 이들을 위한 봉

사의 아름다움에서뿐 아니라 사람들이나 조직의 악의와 불의, 그리고 무고한 이들의 설명하기 힘든 고난 가운데에서도 그리스도를 발견할 수 있다. 심지어 그러한 고난 속에서조차도 승천 신앙은 하나님이 인간을 만족시켜 주고자 하시는 열망과 인간이 하나님의 열망에 응답하여 하나 되고자 하는 열망을 표현하는 인간의 하나님에 대한 갈망과 사랑으로 표현되는 동일하고도 무한한 사랑을 발견할 수 있게 한다.

이것이 바로 바울이 주저하지 않고 예수의 승천에 대해 의기양양한 믿음으로 "오직 그리스도는 만유시요 만유 안에 계시니라!"(골 3:11) 고 외친 이유이다. 이것은 단지 미래를 의미하는 것이 아니라 지금을 의미한다. 바로 지금 이 순간 우리도 역시 우리의 마음 안에서 빛나는 그리스도의 빛을 볼 수 있는 은총을 가지며, 우리들 안에 그분의 섬세한 현존을 느끼는 은총이 있으며, 그리고 모든 사건들 속에서—심지어는 가장 혼란스러운 상황에서도—그의 빛과 삶, 사랑의 현존을 감지할 수 있는 은총을 느낀다. 너무도 큰 은혜를 갖게 된다. 모든 피조물은 물론 예수의 거룩한 인간성은 부활에 의해 영원히 인정되었다. 그리스도와의 일치를 통해, 우리는 그와 공동 상속자로서 이 은혜를 나눈다. 승천의 은혜를 통해, 우리는 우리 자신이 하나님의 선하심의 독특한 현현이 되고자 끊임없이 하나님의 성품으로 변한다. 우리의 개인적 거짓 자아가 사라질 때 우리의 참된 정체성은 더욱 강하게 성장하게 되고, 하나님이 우리가 그렇게 되기를 바라시듯이 그렇게 드러나게 된다.

chapter 10 **은밀한 기도**

어떻게 우리는 바울이 말한 "하나님을 아는 깊은 지식"(골 1:9; 2:3; 3:4-11)에 이르게 되는 것일까? 그가 의미한 하나님에 대한 경험적인 지식에 의해서인가, 아니면 기독교 전통에서 말하는 "관상"에 의해서인가? 우리를 하나님의 신비에 더욱 예민하게 하는 것은 후자이다. 우리의 개념으로 그것들을 설명할 수 없음에도 불구하고, 그것들은 우리가 볼 수 있고, 느낄 수 있고, 생각하거나 상상할 수 있는 것들과 똑같이 실재한다.

기도하는 법에 대해서 말씀하는 예수의 지혜의 말씀이 여기서 도움이 된다. 일반적으로 지혜의 말씀은 보통 문자대로 받아들이지 않는다. 그것들은 은유적이며, 일반적인 대화에서는 보통 말하지 않는 진리나 의미의 깊은 곳으로 우리를 직관적으로 일깨워 준다. 산상수훈에서 예수는 이렇게 가르치셨다.

"너는 기도할 때에 네 골방에 들어가 문을 닫고, 은밀한 중에 계신 네 아바(아버지)께 기도하라. 은밀한 중에 보시는 네 아바(아버지)께서 갚으시리라"(마 6:6).

이 말씀에서 살펴볼 첫 번째 용어는 예수께서 궁극적 실재이신 하나님께 이름을 붙였다는 것이다. 그는 이 존재를 단지 구약에서 모든 것의 근원으로서 사용하는 "아버지"라고 부르지 않는다. 그보다는, 그는 아버지를 "아빠"라는 말의 아람어 "아바"라고 부른다. 이미 지적한 바와 같이 예수는 그의 가르침을 하나님이 완전히 초월적이며, 멀리 떨어져 있고, 선한 자에게 상을 주고 악한 자는 처벌하는 분, 성스러운 시간과 장소에서만 나타나고 예언자, 제사장, 랍비같이 성스러운 자격을 갖춘 자들에 의해서 중재되는 존재라고 생각하던 당시에 만연한 사고방식 가운데에서 말씀하고 있는 것이다. 이러한 전제조건들이 예수가 하나님을 아바라고 부르는 단어가 의미하고자 한 것은 아니다. 사실 그는 군대의 하나님, 엄격한 정의의 하나님과 더불어 이스라엘 사람들이 생각하는 하나님의 정체성을 의도적으로 전복시킨다. 물론 이것이 하나님이 불의하신 분이라고 말하고 있는 것은 아니다. 그보다는 하나님이 그저 정의로운 하나님만은 아니라는 것을 의미한다. 아바라는 단어는 하나님이 근원적으로 무한한 자비의 하나님이고 그분의 능력은 신적 사랑의 헌신 가운데 있으며, 그분의 무한한 초월성은 그분의 무한한 내재성과 동등하다. 이것이 우리가 관상기도를 할 때 직면하게 되는 하나님인 것이다.

따라서 우리에게 은밀한 곳에서 기도해야 한다고 예수가 가르치는 것은 기본적으로 하나님은 가깝게 관심을 갖고 우리를 돌보시며, 우리와의 경계선을 넘나들며 보호하심으로 우리를 감싸고 계시고, 부드러우신 사랑의 아바라는 깨달음을 가져야 함을 일깨워 주는 것이다. 이러한 확신들이 "골방"으로 들어가기 위해 준비되어야 할 것들이다. 만일 하나님에 대한 경험을 한 번도 한 적이 없다면, 아마 이것이 무엇인가에 대해 일종의 주저감을 갖게 될 것이다. 만일 어린 시절에 가졌던 하나님에 대한 부정적인 생각들과 느낌들을 기억한다면, 골방에 들어가서 기도하는 것을 그다지 원하지 않을 것이다. 예수가 살았던 시대의 근동의 다른 신들처럼 하나님을 위험한 일종의 괴물처럼 여긴다면 이러한 신에 대한 개념은 하나님과의 우정을 갖기에 심각한 장애가 될 것이다. 누구도 죽음만큼이나 무서운 누군가와 친구가 되고 싶어 하지 않을 것이다.[1]

---

[1] 어린이들에게 믿음의 진리를 소개할 때 그들의 이해가 얼마나 섬세한지, 그리고 그들이 하나님에 대한 부정적인 개념들을 텔레비전이나 인터넷에서 보아 온 무서운 이미지들과 얼마나 쉽게 연결시킬 수 있는지에 대해서 유념해야 한다. 어린이들이 가지고 있는 본래적 성향은 하나님을 신뢰하는 것이다. 특별히 만일 그들의 부모가 서로의 상처로부터 부부간에 그리고 그들의 자녀에게 사랑을 베풂으로 하나님의 선하심의 창이 될 때 더욱

어떤 특정한 성경 말씀은 영적인 여정을 고려하고 있는 사람들, 특별히 교리적 가르침 때문에 하나님에 대해 부정적인 이미지가 강조되어서 심리적으로 상처받은 이들에게 잘 전할 필요가 있다.

기도: 하나님과의 교제

이 본문에서 이해해야 할 두 번째 중요한 용어는 기도이다. 예수는 "너는 기도할 때…"라는 말로 "하나님과 교제를 원하면" 이란 뜻으로 기도에 대한 가르침을 시작한다. 센터링 침묵기도 수련을 가르칠 때, 우리는 기도를 하나님과의 교제로서 강조한다. 기도, 예배, 다른 이들을 향한 봉사 등 그 모든 일이 신뢰와 사랑으로 이루어진 하나님과의 교제로부터 나온다는 것이 핵심이다.

우리는 신구약의 본문들에서 두려움에 대해서 많이 들어 왔다. 성경에서 "두려움"이란 성경적 전문 용어로서, 일반적으로 두려움이라는 감정을 의미하는 것이 아니다. 그것은 존경, 경외, 경이로 해석되는 것이 가장 좋다. 훨씬 더 정확한 번역으로는

그러하다. 이런 예는 인간의 성장과 감성적 안정감에 대한 엄청난 선물이다. 그러한 것이 없는 어린이는 그들의 삶의 대부분을 유아기로부터 회복하는 데에 시간을 보내게 될 것이다.

"하나님의 현존에 대한 계속적인 알아차람"이라고 할 수 있다. 하나님을 항상 알아차린다는 것은 언제나 하나님의 보호 아래 거한다는 것이다. "두려움"이라는 용어가 함축하는 마지막 뜻은 하나님을 위험하다고 생각하는 것이다. 우리가 하나님의 사랑을 받을 자격이 없다는 개념과 같이, 하나님에 대한 이와 같은 두려움의 감정은 반드시 쓰레기통에 버려야 한다.

예수가 "너는 기도할 때"라고 말씀할 때, 그는 "만일 네가 기도할 때 표적과 기적들과 영적인 위로를 넘어서길 원하면, 이와 같이 기도하라"고 말씀하는 것이다. 이러한 방식이란 하나님과 교제하는 방법이며, 이러한 기도의 핵심적인 부분은 점차적으로 어색한 첫 대면의 단계를 넘어서 하나님과 언제 어디서나 그의 언어로 편안하게 대화할 수 있는 친구로서의 사귐으로 발전하게 될 것이다. 그리하여 마침내 자신과 삶 전체를 하나님께 바쳐 하나님과의 일치를 통한 변형의 과정으로 자신을 열게 될 것이다.

그러므로 어떤 형태이든 기도는 하나님과의 평소의 습관적 교제를 표현한다. 기도를 수련하는 것은 하나님과의 관계성, 교제라고 볼 수 있다. 하나님은 다음과 같이 우리를 초청하신다. "만일 네가 하나님을 깊이 알기 원한다면, 그리하여 하나님과의 일치로 인도하는 과정에 참여하기 원한다면, 그 첫 번째 단계는 네 골방으로 들어가라."

첫 번째 단계

예수가 말씀하는 "골방"의 의미는 "사적인 방"이라는 의미를 갖는다. 그러나 그 시대에는 오직 부자들만이 사적인 공간을 가질 수 있었다. 이 본문에서는 물리적인 장소가 아닌 영적인 공간을 가리키고 있다. 이것은 4세기 이집트 사막의 교부들과 교모들이 이 본문을 이해한 방식이다.[2] 이는 소란과 소음, 걱정들, 사람들과 사건들, 그것들에 대한 우리의 감정적 반응들에 대해 머리를 맴도는 다양한 사고들과 같은 매일의 삶 속에서 일어나는 심리적 자각을 포기하는 것을 의미한다. 어떤 것을 생각하도록 자극하는 것들을 흘려보냄으로 골방으로 상징되는 우리 존재의 영적인 차원으로 들어갈 수 있도록 해준다. 이러한 직관적인 단계는 침묵이 필요하다. 이로써 참 자아가 있는 우리 존재의 가장 깊은 센터와 더 가까워지며, 그리고 우리의 모든 단계—영, 혼, 육—에서 존재의 근원이 되는 삼위일체 하나님과 더 가까워진다.

예수는 우리에게 자유함과 하나님과의 일치를 위한 새로운 방법으로 들어가기 위하여 실재와 관계하는 우리의 일반적인

---

[2] 부록 1. 125쪽에 있는 마태복음 6:6을 해석한 존 카시안(John Cassian)의 문헌을 참고하라.

방법들을 우선 포기할 것을 조언한다. 우리가 보통 심리 문제 속에 갇히게 되면 우리는 우리의 경험들과 우리의 삶에 들어오고 나가는 사람들과 그들에 대한 우리의 정서적 반응들에 의해 지배를 당하게 된다. 그러므로 우리는 어떤 실재에 대해 완전히 반응하거나 그것을 객관적으로 평가할 수 없게 된다. 더욱이 우리는 우리가 살고 있는 문화의 가치들에 의해, 그리고 사람들이 우리에 대해서 생각하는 바 혹은 생각하지 않는 바에 의해 계속적으로 영향을 받게 된다. 우리의 자각의 표면에서 일어나고 있는 것들과 지나친 과잉 동일화의 횡포는 우리가 더욱 평화롭고 평온하려는, 그리고 하나님의 내주하심과 인도하심에 마음을 여는 지극히 자연스러운 본성의 직관적 수준을 경험하지 못하게 한다.

예수의 가르침은 우리의 감각, 기억, 상상, 정신적 기능들을 흘려보내고 그것들을 완전히 무시하라는 뜻임을 깨달아야 한다. 다른 말로 설명하면, 우리는 기도하는 동안에 어떠한 종류의 생각에도 빠지지 말아야한다는 것이다. 센터링 침묵기도에서 "사고"는 대단히 포괄적인 의미를 갖는다. 그것은 신체적 감각, 감각적 인식, 느낌, 이미지, 기억, 계획, 개념, 반추, 감정들과 같은 어떠한 지각도 모두 포함한다. 이 모든 "사고들"은 골방으로 들어가기 위해 의도적으로 흘려보내야 한다. 센터링 침묵기도를 할 때 우리는 의식의 흐름을 따라 들어오는 사고들과 싸우며 저항하지 않는다. 동시에 우리는 그 생각들을 붙잡고 있거나 그것들에 감정적으로 반응하지 않는다. 그리고 우리가 어떠한 종류든 사고가 떠올랐음을 인식하면, 거룩한 단어로 아주 부드럽게 돌아간다.

이러한 지침은 우리가 수련하는 동안 외적인 자극들을 얼마나 단호하게 포기할 필요가 있는지 강조하는 것이다. 우리가 본 바와 같이 골방은 장소라기보다는 오히려 하나님에 대한 순복과 내면적 개방성에 대한 내적인 의지이다. 센터링 침묵기도는 언제 어디에서도 할 수 있다. 심지어는 대단히 소란스러운 상황에서도 기도할 수 있다. 처음에는 외적인 침묵과 홀로 있기가 갖가지 소음과 매일의 삶, 혹은 우리가 처할 수 있는 특정한 환경에 몰입됨을 넘어서서 하나님의 현존에 귀를 기울이는 습관을 키워 나가기 위해 매우 도움이 될 것이다. 우리는 수련을 통해서 그것들에 저항하거나 주의를 기울이지 않고도 외적 소음들을 기도에 통합시키는 법을 배우게 되는 것이다.

두 번째 단계

이 첫 번째 단계에서, 예수는 "문을 닫아라"라는 명령을 덧붙인다. 예수의 권고는 명백하게 선택을 요구하는 것이다. 이는 최소한 우리의 의지 안에서, 우리가 기도하는 모든 시간 동안 일반적이고 매일 자각하는 바를 내려놓아야 함을 의미한다. 만일 사고들이 피할 수 없이 의식의 흐름 속에 계속 흘러 들어온다면, 우리는 그것 때문에 방해받지 말고 단순히 그들을 무시하면 된다. 기도하는 동안 우리가 그것들을 재빨리 흘려보내는 것은 일생의 정신적 습관들을 해체한다. 처음에는 의식의 흐름 속에 들어오는 어떠한 지각도 생존과 안전, 애정과 존중, 그리고 힘과 통제와 같은 우리의 본능적 요구들에 대한 반응을 상쇄하려는 경향이 있다. 침묵기도를 매일 규칙적으로 수련하지 않고는, 이러한 정서적 프로그램에 우리가 얼마나 많은 에너지를 쏟아 붓는지 깨닫지 못한다. 어떤 사람들은 정서적 프로그램을 만족시키는 것을 마치 실제적으로 필요한 것으로 생각한다. 그래서 자신의 정서적 프로그램을 만족시키도록 다른 이들이 우리의 엄청난 기대와 계획들을 존중해 주기를 기대하게 된다. 이는 잘못된 본능적 욕구들을 만족시키고자 하는 욕망이 아닌 초기 유아기에 생존을 위한 필수적인 것이었다. 우리의 잘못은 그것들에 대한 지나친 기대를 가지고 탐구한다는 것이며, 그것들이 더 이상 작용하지 않는 성인의 삶에서 이러한 유아기적 프로그램을 만족시킴으로써 행복을 구하고자 한다는 것이다. 이러한 본능적 요구들을 만족시키고자 투자한 엄청난 에너지를 감소시킬 때, 우리는 영적인 순례와 다른 이들을 위한 봉사를 위해 더 많은 에너지를 투자할 수 있게 된다.

하나님의 첫 번째 언어는 침묵이다. 우리가 하나님에 대한 깊은 지식을 언어로 표현하려고 하자마자, 우리는 그것을 해석해야 했다. 모든 번역은 다소간의 해석이다. 우리가 접하고 있는 신비이신 하나님은 우리가 하나님을 생각할 때, 혹은 어떤 분이 되기를 원할 때 만날 수 있는 분이 아니라 그분이 있는 그대로일 때 만남이 가능한 분이다.

내면적 대화

골방의 문을 닫는다는 것은 우리의 내적 대화를 중단하도록 초청하는 것이다. 즉 우리가 감각을 통해 인지하게 되는 것들이나 합리적 기제를 통해 반응하는 것들에 대해서 생각하지 않는다는 것을 의미한다. 센터링 침묵기도를 하면서 우리는 기도하는 동안 어떤 기대나 목표를 품게 되는 것을 멈추게 된다. 즉 거룩한 단어를 계속 끊임없이 반복한다든지, 아무 생각도 안하는 상태에 이른다거나 마음을 완전히 비운다든지, 영적인 경험을 즐긴다든지, 그리고 평화를 경험하거나 영적 위로를 얻으려는 등의 기대나 목표 등이다. 특정한 결과들에 대한 그와 같은 모든 욕구들이 우리가 센터링 침묵기도 수련에서 사용하는 용어인 사고라는 우산(umbrella) 속의 개념에 포함되는 것 중 감각으로서의 "사고"이다. 특별한 인식들과 같이 그것들은 우리가 골방 안에 있는 시간동안 적절한 것은 아니다. 센터링 침묵기도를 수련하는 동안 우리의 관심사와 연관된 특별한 생각이 떠오르게 될 때는 언제든지, 우리는 문을 닫고 우리의 본래적 의도를 재확인하면서 거룩한 단어로 아주 부드럽게 돌아가는 것이다.

내면적인 대화는 일반적으로 무엇인가? 내면적 대화란 하루 24시간 계속되는 우리 자신과의 대화이다. 그 대화는 사건들이 일어나는 것과 우리 삶에 들어오고 떠나는 사람들, 그리고 그들에 대한 정서적 반응에 관한 평가와 논평들이다. 이 논평과 판단, 그리고 욕구들의 끝없는 의식의 흐름은 우리가 기도를 시작할 때 남겨 두기로 했던 평상적 의식 수준에서 일어나는 사고보다도 내적 침묵에 이르는 데에 더욱 파괴적일 수 있다.

초기 유아기 때부터 생각하거나 반응하는 견고하게 깊이 뿌리내린 습관들 때문에, 우리는 마음에 떠오르는 대로 생각하는 성향으로 사고하려는 자신에 대해 인내심을 가져야 한다. 우리의 약점에 대해서 겸손히 받아들인다는 것은 센터링 침묵기도의 중요한 원칙들 중의 하나이다. 동시에 이는 하나님에 대한 무한한 믿음이기도 하다. 우리는 하나님이 이미 현존하심을 믿는다. 그러므로 그분을 찾기 위해 어디를 가거나, 우리 자신으로부터 떠날 필요도 없다.

세 번째 단계

마지막으로 예수는 "은밀한 중에 계시는 네 아바(아버지)께 기도하라"고 말씀한다. 이 말씀은 내적 침묵의 더 깊은 수준으로 들어가는 작은 폭포가 되어 떨어지는 것과 같은 운동임을 기억하라. 첫 번째로 우리는 외적인 자극들을 흘려보낸다. 그 다음에 우리 자신과의 내적 대화를 그만둔다. 마지막으로 우리는 은밀한 기도의 고요 속으로 들어가게 되는 것이다. 이것은 자아의 침묵이라 불릴 수도 있을 것이다. 위대한 성 안토니(St. Anthony the Great)에 따르면, "완벽한 기도는 당신이 기도하고 있다는 것을 아는 것이 아니다." 그것은 자아를 잊고 기도하는 동안 가능하다면 자아의식 자체를 포함하여 모든 자기 성찰을 흘려보내는 것이다.

예수가 언급한 은밀한 기도에는 이유가 있음을 명심하라. 만일 우리가 은밀한 중에 보시는 하나님께 가까이 가고자 한다면, 우리는 동일한 종류의 은밀함 속으로 들어가야 한다. 하나님은 너무도 가까이 계셔서 우리는 하나님의 현존을 해석할 만한 어떤 기능을 가지고 있지 않다. 오직 생각과 느낌, 성찰들을 뛰어넘는 순수한 믿음만이 그분에게 가까이 갈 수 있다.

골방은 우리에게 우리 자신으로부터 휴가를 떠날 수 있는 기회를 제공한다. 거기에는 휴식 이외에 아무것도 없다. 그것은 미국의 휴양지로 유명한 플로리다, 하와이, 혹은 다른 어떤 곳에 가는 것보다 훨씬 나은 곳이다. 왜냐하면 우리에게 가장 어려움을 주는 것은 위에서 광의로 묘사했던 우리의 사고, 특별히 정서적으로 충전된 사고이기 때문이다. 그것들은 종종 고문을 하는 것과 같이 우리를 괴롭힌다. 기도하는 동안 반복하여 거룩한 단어로 돌아감으로써 하나님의 현존과 역사하심에 동의하기로 기도를 시작할 때, 우리가 내렸던 선택은 그 자체로 습관이 될 것이다. 그것은 그동안 행복을 위해 긴급하게 사용되었던 우리의 정서적 프로그램들을 점차적으로 잠식해 갈 것이다. 사소한 일에 시간을 낭비하는 대신에, 우리의 에너지는 다른 이들의 필요와 우리의 천부적 재능을 창조적으로 사용할 수 있도록 할 것이다.

chapter 11 **골방기도의 효과**

예수의 지혜 말씀에 있는 골방기도(마6:6)의 보상은 계속적으로 하나님의 현존 안에 서하도록 하는 하나님에 대한 깊은 앎(지식)이다. 하나님의 현존은 항상 우리와 함께하지만 포착하기는 어렵다. 그것은 하나님이 포착하기 어려운 존재이기 때문이 아니라, 우리가 자기 중심적 선입견들과 투사들에 많은 에너지를 투자하기 때문이다. 이러한 이유 때문에 하나님과 현존하기 힘든 것은 바로 우리이다. 어떤 특별한 주제들에 대한 사고, 신체적 감각, 개념, 기억, 계획 그리고 느낌들에 대한 몰두는 내적 침묵의 발전을 방해한다.

순수한 신앙의 길

순수한 신앙의 길은 각성(enlightenment)과 영적 위안을 추구하는 이들의 수준을 넘어서는 길이다. 그리고 순수한 신앙의 길은 "표적과 이적"을 구하는 열심 있는 기독교인들의 수준도 역시 넘어서서 영적으로 발전하는 엄청난 도약이다. 순수한 신앙은 우리의 애착(attachments)의 한계를 넘어서는 운동이다. 그것은 이러한 어리고 순진한 신앙의 기준에 하나님을 맞추려고 하는 우리 자신의 욕구로부터의 해방이다. 하나님은 초월적이기 때문에 우리의 어떤 기능으로도 그분을 이해할 수 없다. 그렇다고 그분이 현존하지 않는다는 의미는 아니다. 그것은 간단히 말해서 우리가 이미 하나님의 현존 가운데 있음을 말하는 것이다. 사실상 우리는 그분으로부터 벗어날 수 없으며, 하나님으로부터 피할 곳은 없다. 왜냐하면 우리가 어디를 가든, 하나님은 거기에 계시기 때문이다.

> 내가 주의 영을 떠나 어디로 가며,
> 주의 앞에서 어디로 피하리이까?
> 내가 하늘에 올라갈지라도 거기 계시며,
> 스올에 내 자리를 펼지라도 거기 계시니이다.
> 내가 새벽 날개를 치며
> 바다 끝에 가서 거주할지라도
> 거기서도 주의 손이 나를 인도하시며
> 주의 오른손이 나를 붙드시리이다(시 139:7-10).

제11장 골방기도의 효과

　골방기도는 의도적으로 자신을 성찰하는 기도가 아니다. 우리는 일반적으로 매순간, 모든 곳에서 우리 자신을 자각한다. 자기에 대한 의식은 자아(ego)의 마지막 보루이다. 이와 같은 자아의 활동으로 우리는 현재를 경험하지 못한다. 자아는 하나님이 실재로 현존하시는 바로 지금 이 순간에 머무르지 못하도록 방해하면서, 과거와 현재를 이어 주는 다리와 역할을 한다.

　최소한 우리가 기도하는 동안 지금 이 순간에 머무는 것이 센터링 침묵기도의 훈련이다. 센터링 침묵기도를 할 때 우리의 인식을 지나가는 과거나 미래의 사고는 단순히 흘려보낸다. 사고를 "흘려보내는 것"은 노력 없는 수행을 위한 또 하나의 다른 이름이다. 하지만 우리는 그저 흘려보내기 위해서 흘려보내는 것은 아니다. 우리는 사고를 흘려보내면서 그것을 하나님께 드리고 맡긴다. 다른 말로 설명하면 하나님과 우리가 교제할 때 떠오르는 모든 생각들을 흘려보내면서 그것들을 하나님께 맡기는 것이다.

　하나님의 역사는 치유하는 것이지 심판하는 것이 아니다. 만일 센터링 침묵기도를 하는 동안 고통스럽고, 지겹고, 진저리나게 지루하고, 그래서 우리가 아무런 진전이 없는 것같이 느낀다면, 그것은 아마도 우리가 일시적으로 흘려보내기를 멈추었다는 징후일 것이다. 사고들이 절박하거나 질기게 계속 나타날 때 오직 우리가 해야 할 것은, 하나님과 이 시간을 보내고 우리 안에 역사하시는 하나님께 동의하는 의도로 선택한 거룩한 단어로 아주 부드럽게 돌아가는 것이다. 이것은 우리가 바꿀 수 없는 사고의 흐름과 불쾌한 사고의 흐름을 모두 포함해서 흘려보내는 것을 의미한다.

기도하는 골방에서는 무슨 일이 일어나는가?

골방에서는 두 가지 일이 일어난다. 첫 번째는 우리의 기본적 선함에 대한 확증을 갖게 되며, 두 번째는 무의식의 정화이다. 후자는 창고와 같은 우리 몸에 저장된 전 생애에 걸쳐 억압된 정서적 상처들의 치유가 일어남을 말한다. 나는 이 치유 과정을 "무의식을 덜어냄"의 과정이라고 부른다. 이것이 비워질 때까지 이 부정적인 에너지는 전 생애 동안 우리의 행동, 선택, 그리고 결정에 계속적으로 영향을 끼친다. 우리가 만일 철저한 치유와 우리의 영적 기능들(지성과 의지)의 변형이 하나님을 닮은 모습으로 변형되게 하기 위해 그리스도의 초청을 받아들인다면, 이러한 패턴은 도전을 받아 점차로 내려놓게 될 것이다. 변형의 과정은 주로 성령의 열매들과 일곱 가지 은사로 강화된 구체화된 믿음, 소망, 사랑과 같은 신학적인 덕목들의 수련을 통해서 주로 나타난다.

내가 말하고 있는 비밀은 하나님의 역사를 받아들이는 태도와 연관되어 있다. 하나님의 역사는 우리의 선한 모습을 수용하게 하며 우리의 상처를 직면하도록 한다. 일생 동안 받은 정서적 상처들이 치유되려면, 보통 그것들이 무의식에서 의식으로 나타나야 한다. 그것들은 센터링 침묵기도를 하는 동안 바로 전 과거와는 관련이 없는 원초적인 감정으로 떠오를 것이다. 이러한 사실은 그것들이 무의식으로부터 올라온다는 가장 확실한 징후이다. 센터링 침묵기도의 깊은 휴식을 통해서 우리의 몸은 일생 동안 소화되지 않은 정서적 쓰레기들을 비워 내게 된다. 그것은 무의식적인 자료들이기 때문에 한 번도 다루어진 적이 없다. 그것은 마치 위장 속에 남아 있는 소화되지 않은 음식물처럼 우리의 정신 속에 남아 있다.

내적 침묵이 깊어질수록, 신체적으로 더 큰 휴식을 경험한다. 그 휴식은 부분적으로는 의도적으로 사고하지 않는 데서 온다. 그것은 또한 골방 안에서 우리의 영이 우리의 기본적인 선함에 대한 확증을 교감한 데서 나타나며, 그 결과로서 하나님에 대한 우리의 신뢰가 증가하기 때문이다. 이러한 확증은 하나님의 현존감, 내적 평화, 용서받음, 혹은 모든 것이 잘 된다는 느낌, 하나님이 우리를 돌보고 계시므로 아무것도 염려할 것이 없다는 마음으로 나타난다. 이 모든 것들은 하나님이 우리가 센터링 침묵기도 하는 골방에 있을 때뿐 아니라, 매일의 구체적인 삶 속에서도 우리에게 현존하심을 알려주시기 위해 사용하는 다른 수단들이다. 하나님의 소망은 하나님을 사랑하는 데에 가장 큰 장애물인 우리의 무의식적 동기의 깊은 곳을 치유하는 것이다. 이렇게 될 때 우리의 전 존재는 성령과 하나님의 사랑으로 가득 채워질 수 있다. 바울은 이에 관해 다음과 같이 말했다. "하나님께서 우리에게 주신 성령을 통하여 그의 사랑을 우리 마음속에 부어 주셨습니다"(롬 5:5).

우리가 초기 유아기 때 억압된 소화되지 않은 정서적 문제와 쓰레기들을 흘려보낼 때마다, 성령은 빠르게 들어오셔서 성령의 열매들과 은사들을 증가시키고 활성화함으로써 그 공간을 채우신다. 때때로 센터링 침묵기도가 끝난 후에, 바로 지금 우리 안에 나타난 새로운 공간 때문에 우리의 마음은 맑아진다. 우리는 우리 안에 숨어 있던 무의식의 어떤 역동성을 보기 시작하며, 또한 우리가 얼마나 많은 에너지를 행복을 위한 정서적 프로그램들을 만들기 위해 소모했는지를 보기 시작한다. 그러한 노력이 결코 우리를 행복하게 해줄 수 없다. 하지만 기도하는 동안 우리가 더 많은 평화를 경험하고, 하나님 안에서 더 깊은 쉼을 가질수록 전 생애의 소화되지 않은 정서적 문제들이 더 빨리, 그리고 더 완전히 비워지게 된다. 이것이 기독교 관상전통에서 영혼의 정화라고 부르는 것이다. 지그문트 프로이트(Sigmund

Freud, 1856~1939) 이후로 현대 심리학은 무의식의 존재를 인식하게 되었다. 이것은 의학과 심리치료뿐 아니라 영적 여정을 위해서도 엄청난 통찰력을 주었다. 우리는 이제 정신 건강과 성장이 또한 영적 삶의 성장을 의미한다는 것을 알 수 있다.

센터링 침묵기도를 하는 동안 떠오르는 우리의 원초적인 감정들과 폭격처럼 다가오는 사고가 괴롭힐 때 우리가 해야 할 모든 일은 그것들을 수용하여 하나님께 드리는 것이다. 우리가 예배를 드릴 때, "하나님의 어린 양이여, 세상의 죄를 씻어 주소서. 우리에게 자비를 베푸소서"라는 기도를 드린다. 만일 그리스도가 우리의 죄를 씻어 주셨다면, 그 죄는 어디에 있는가? 그것들은 존재하지 않는다. 다만 우리가 그것들이 존재한다고 생각할 뿐이다. 사실상 우리가 진지하게 우리의 죄를 용서해 달라고 기도하자마자 그것들은 하나님의 무한한 자비의 심연 속에서 즉시 소멸된다.

성령의 열매 수련을 위한 자유

우리가 이제까지 본 바와 같이, 무의식의 부정적 에너지의 영향력으로부터의 자유는 성령의 열매—특히 자비(5장에서 논의한 일종의 이타적 사랑), 평화(바울이 "모든 지각을 뛰어넘는"다고 표현한 평화), 기쁨(웰빙에 대한 지속적 감각)—를 위한 공간을 만든다. 만일 우리가 하나님 나라의 "좁은 문으로 들어가기"(마 7:13) 원하거나 "바늘귀를 통과하기"(마 19:24) 원한다면, 우리의 거짓 자아에 뿌리를 두고 있는 가치들과 남아 있는 미련을 버려야 한다. 그들은 우리의 강한 소유욕, 행복을 위한 정서적 프로그램들, 그리고 자신이 소속된 특정 그룹에 대한 과잉 동일화와 같은 불필요한 짐을 내려놓을 것을 요구한다.

우리는 종종 복음서에 기록된 이들의 치유 과정을 보게 된다. 예수는 그의 제자들과 그 시대 사람들에게 그가 지금 우리에게 사용하는 것과 똑같은 치료법을 사용했다. 우리가 하나님에 대한 지식과 사랑의 더 깊은 차원으로 가도록 하기 위해서 그는 우리가 고칠 필요가 있는, 더욱 정확하게는 그가 고칠 필요가 있는 태도와 행동에로 효과적으로, 참을성 있게, 그리고 사랑스럽게 우리의 관심을 환기시킨다.

골방으로 들어가기 위해 예수의 권고를 살펴보면, 우리는 무엇보다도 거짓 자아로부터의 해방의 과정을 보게 된다. 다시 요약해 보면 그것은 매일의 삶에 오아시스와 같은 것이어서 우리는 골방의 경험에 의해 새롭게 되어 기도와 행동의 양 측면에서 부적절하고 해로운 태도와 행동들을 내려놓는 습관을 세워 나가도록 한다. 우리가 사고 속에 빠져들어 가게 되면, 그러한 사고들은 너무도 매력적이기 때문에 우리는 일반적으로 무엇이 고통을 불러일으키는지를 생각하지 못하게 된다. 우리는 다른 어떤 것들을 계속적으로 생각함으로써 내적 상태의 고통스러운 상태를 유지시킨다. 만일 과거의 것들이나 현재 우리에게 불공평한 일이 일어났다면 우리는 더 이상 판단력을 잃어버리고 분노하게 되며, 분노를 표출하는 행동을 하게 된다. 우리는 감정을 가지고 있지만 우리가 감정이 아님을 배우고 있으며, 더 이상 그것들과 자신을 지나치게 동일시하지 않는다.

예를 들어 "나는 화가 난다!"라고 말을 할 때, 이것은 옳지 않은 표현이다. 우리 자신이 분노가 아니라, 우리는 분노라는 감정을 가지고 있는 것이다. 우리를 분노의 감정들과 동일시하지 않으면, 우리는 그것을 바꿀 수 있다. 하나님의 도움으로 우리는 그 감정을 내려놓을 수 있다. 우리는 그 감정들을 다른 이들에게 투사해서 그들이 우리를 화나게 만들었다고 비난하는 일을 그만둘 수 있다.

신앙의 수준이 성장하고 하나님의 사랑을 방해하던 것들을 비워 가면서, 성령의 열매는 매일의 삶에서 좀 더 정기적으로 그 자체들을 확연하게 드러낸다. 예를 들어 성령의 열매인 양선은 사람이든 자연이든 혹은 어떤 사건이든 모든 것 안에서 하나님을 볼 수 있는 능력이다. 우리가 폭풍 가운데 계신 하나님을 인지할 때, 그 폭풍은 완전히 다른 격을 띠게 된다. 그리스도는 분노와 원한, 격노의 감정을 일으키는 것들을 포함하여, 모든 종류의 폭풍 가운데 계신다.

물론 이러한 감정들은 절제할 필요가 있다. 하나님의 테라피(Divine Therapy)는 우리의 기도 경험을 정례화할 뿐 아니라, 우리의 전 삶을 포괄하도록 골방의 벽을 확장시킨다. 매일의 삶은 우리의 무의식적 동기의 역동성을 깨달을 수 있다. 우리가 사고들을 더욱 잘 흘려보내게 될 때, 우리는 그것들이 종종 치유받기 위해서 의식으로 드러나야 하는 감정적 상처들을 가리기 위한 방어 기제였다는 것을 인지하게 된다. 감정들은 그저 에너지이기 때문에 우리 자신이 그것들을 느끼고 수용하는 순간, 그것들은 흩어져 버리고 영원히 사라져 버리는 경향이 있다.

이따금씩 우리의 유아기 깊은 곳으로부터 나오는 몇 가지 문제들은 심리치료를 필요로 하기도 한다. 그 자신을 치유자라고 부른 예수는 말씀하기를, "건강한 사람에게는 의사가 필요하지 않으나, 병든 사람에게는 필요하다"(눅 5:31)라고 하였다. 만일 그의 시대에 정신의학이 알려져 있었다면, 그는 확실히 그것을 그의 치유 사역의 일부로 받아들였을 것이다.

chapter 12 **하나님의 테라피란 무엇인가?**

거짓 자아는 두 개의 근본적인 기둥 위에 서 있다. 그 하나는 행복을 위한 정서적 프로그램에 투자된 에너지이며, 다른 하나는 우리가 다가가거나 우리가 소속된 특정한 그룹에 대해 과잉 동일시하는 경향성이다. 시대를 불문하고 가족이나 관습 혹은 더 큰 공동체에 의해 이미 입력된 가치들을 수용하도록 특정한 사회 계층화가 이루어져 왔다. 누구도 이에 굴복하지 않으면 그 그룹에서 추방되는 것이다. 그러나 예수는 우리에게 소속된 특정한 그룹에 과잉 동일시하는 문화적 속박을 무너뜨려야 한다고 다음과 같이 강력하게 가르쳤다.

"무릇 내게 오는 자가 자기 부모와 처자와 형제와 자매와 더욱이 자기 목숨까지 미워하지 아니하면 능히 내 제자가 되지 못하고"(눅 14:26).

이 말씀은 회개에 대한 예수의 가르침에 있어서 매우 중요한 측면이다. 회개한다는 것은 우리가 행복을 추구해 왔던 방향을 전환하는 것이다. 이 말씀에서 예수는 우리에게 우리가 속한 그룹들에 대한 과잉 동일화를 그만두고, 복음과 우리 자신의 양심의 가치들을 자유롭게 따라야함을 가르치고 있다. 그리고 우리가 소속된 그룹의 가치들에 의문을 제기하거나 반대하기 때문에 우리가 편안하게 그 그룹에 소속되지 못하는 것을 두려워하지 말 것을 가르친다.

우리의 가족, 역할들, 직업, 사업과 사회적 그룹으로부터의 초연함에 도달하려면, 우리라고 생각하는 지금껏 가졌던 정체성에 대한 과잉 동일화를 내려놓아야 한다. 이것은 부모나 목회자들, 정치가들, 혹은 특권 권력과 부를 그들의 위치와 완벽하게 일치시켰던 고대의 왕들이나 귀족들과 같이 특별한 역할을 지닌 사람들에게는 있어서 골칫거리이다. 우리가 보아 온 바와 같이 예수는 비유를 통해 그 시대의 사회적 구조를 약화시키고, 그들의 구조악에 근거한 불의한 가치들을 전복시키고 있다. 예수가 가르친 비유들의 요점은 모든 다양한 장애물들을 무너뜨릴 뿐 아니라 우리가 가족이나 인종, 국가, 동료들, 혹은 종교를 넘어서서 전 인류 공동체 가족의 구성원이라는 일치를 경험할 수 있도록 하는 것이다. 바울은 이에 대해 다음과 같이 말한다.

"너희는 유대인이나 헬라인이나 종이나 자유인이나 남자

나 여자나 다 그리스도 예수 안에서 하나이니라"(갈3:28).

우리의 삶 속에는 "중년의 위기"라고 불리는 시기가 있다. 이 때는 성공과 명예, 부를 위한 지나친 야망들이 더 이상 우리에게 매력의 대상이 되지 않는 시기이다. 행복을 위한 정서적 프로그램들에 대한 이상적 만족감을 가지고 우리의 흥미를 끌었던 문화 속에서도 그 상징들이 무엇이었든지 간에 다소 깨어져 버리고 있다. 사실상 2001년 9월 11일에 발생한 비극적인 사건들, 국제무역센터와 미 국방부 공격 사건을 보면서 많은 사람들이 다음과 같이 자문했다. "나는 왜 굳이 일을 하는가? 왜 나는 사회적, 경제적 지위를 높이기 위해 애를 쓰고 살고 있는가? 내가 가는 모든 장소가 안전하지 않고 미래는 불투명한데, 왜 나는 이 모든 골칫거리들을 겪으며 살고 있는가?" 1812년 전쟁이 끝나고 어떤 군대도 미국의 근해에서 사라진 이후 사실 미국인들은 여러 면에서 안전 체제에 익숙해져 있었으며, 특별히 외세의 공격에 난공불락이라는 지나친 안정감을 주었다.

중년의 위기가 오면, 일반적으로 그들의 가족들은 유동적인 상태가 된다. 자녀들은 출가하고 부부들만 살게 된다. 이때는 많은 사람들이 이혼하는 시기이며, 두 번째 새로운 다른 직업을 시작하거나 인생의 목적에 대해 심각하게 의문을 품게 되는 시기이다. 다른 말로 하면, 사람들은 문화의 상징으로서 표현된 그들의 행복을 위한 정서적 프로그램 속에서 그들이 소망하고 기대하던 바를 찾지 못했다는 것을 알게 되는 시기이다.

이 기간에 여유가 있는 이들은 심리치료를 받거나 다소간 그들을 안정시킬 수 있는 현대적 약물치료를 받는다. 사실 이들은 진정한 문제를 직면할 때까지 결코 평화를 경험할 수 없다는 것이다. 정신 질환을 위한 약품의 목적은, 심리치료 이론에 의하면 갈등하는 환자들을 화학약품 성분을 통해서 마음의 정상적 상태로 돌려놓는 것이다. 안정된 후에 그들이 일련의 심리치료를 통해서 정신적 고통 뒤에 숨겨진 정서적인 문제들을 다룰 수 있도록 하는 것이다. 하지만 어떤 사람들에게 있어서는 갑상선 치료를 위해서 정상적인 기능을 하도록 치료와 함께 장기간의 약물 복용이 필요한 것과 마찬가지로, 처방된 약을 통해 화학적 불균형을 조절하는 치료가 필요할 수도 있다.

만일 중년의 위기가 우리가 소속된 그룹에 대한 과잉 동일화에서 연유한 문제를 해결하는 것이 아니라면, 자연 법칙은 행복을 위한 정서적 프로그램들을 만족시키기 위해서 우리가 그동안 감당했던 역할들과 과도한 충성심으로부터 우리를 내려놓도록 다른 수단들을 동원할 것이다. 그것들 중의 하나는 우리가 연약해지고, 아마도 노년이 되는 것이다. 우리에게 의존해 오던 많은 사람들이 사라지게 되고, 마침내는 자녀들도 그들의 부모를 돌보는 일을 그만두게 된다. 때때로 그들을 돌보는 것은 사실상 어린아이를 돌보는 것과 같다. 그러다 보면 노인 복지센터

혹은 양로원으로 이사해야 하는 위기가 온 것이다. 어떠한 경우에도 만일 우리가 자유로이 우리의 전 역할들을 포기하지 않는다면, 냉혹한 세월의 흐름 속에서 강제적으로 그 역할들을 포기하게 될 것이다. 우리 자신이 속한 그룹에 대한 과잉 충성으로부터 더 빨리 초연하는 것이 어떨까? 그렇게 될 때 우리가 어떤 특정한 그룹에 소속되고자 하는 기준들을 선택할 수 있는 자유, 그리고 어떤 가치들이 양심적으로 우리의 가치들과 일치하지 않을 때 선택을 철회할 자유를 갖게 되지 않을까라는 물음을 갖게 된다. 이것이 그리스도를 따르는 것이며, 영적인 여정을 시작하는 복음의 부르심이다.

만일 예수가 가르치신 대로 개인적으로 내려놓아야 할 것들을 지연시킨다면, 죽어가는 과정 그 자체가 변형으로 이끄는 것을 입증시킬 수 있다. 뇌가 죽을 때, 그것은 거짓 자아와 그것을 뒷받침하는 모든 체제들의 죽음을 의미한다. 우리는 죽음의 과정에 대해서 그다지 모르고 있다. 예를 들어 언제 죽음이 실제적으로 일어나는지, 혹은 얼마 동안 우리의 영혼이 육체 가까이에 머물다가 떠나는지 등. 이러한 것들은 여전히 신비로 남아 있다. 최근의 조사에 따르면 다양한 가능성들이 있다고 한다. 죽음이 무엇이든지 간에, 그때 처음으로 우리가 온전히 자유로운 선택을 내릴 수 있는 순간일 수 있다는 것이다. 죽음을 맞이할 때 우리는 더 이상 행복을 위한 정서적 프로그램들, 그룹에 대한 의존성,

혹은 살면서 지나치게 동일시한 우리의 역할들에 대해 최소한 이생과 같은 수준에서는 영향을 받지 않는다.

이러한 관점에서 볼 때 질병이나 비극, 자연재해, 혹은 인간이 만든 재해들은 지독한 악마가 아니다. 그것들은 많은 사람들에게 어린아이들로서 받아들이고 흡수했던 거짓 가치관을 의문시하고 재평가하여 쓰레기통에 버리도록 해준다. 이는 맡고 있는 모든 역할들이 아무런 의미가 없다고 말하고자 하는 것은 아니다. 그 역할들을 성취하기 어렵게 하거나 불가능하게 만드는 것들에 대한 과잉 동일화가 문제인 것이다. 아마도 좋은 부모가 되는 유일한 방법은 기꺼이 그렇게 되지 않기 위해 애쓰려는 것일 것이다. 예를 들어 성장한 자녀들이 부모와 상관없이 그들이 원하는 것을 이루어 가도록 놔두는 것이다. 이와 비슷한 포기의 과정이 모든 역할 모델에 있어서 필수적이다.

가족과 재산, 그리고 자신으로부터 초연하도록 가르친 예수의 가르침의 핵심은 거짓 자아와 그것을 지지하는 시스템을 노출시키는 것이다. 왜냐하면 거짓 자아는 환상일 뿐 실제로 의미가 없기 때문이다. 그러나 그것은 하나님, 다른 사람들, 그리고 우리 자신과의 관계성을 완전히 망쳐 버린다.

예수는 회개, 즉 우리가 행복을 추구하던 방향을 바꾸기 위해 하나님의 테라피를 받도록 초청한다. 만일 당신이 예수가 가르치신 것처럼 자유로워지기를 원한다면, 하나님, 다른 사람들,

그리고 당신 자신과의 관계성이 치유되기를 바란다면 골방—하나님의 테라피가 일어나는 사무실—으로 들어가라. 문을 닫아라. 그래야 당신이 도망가지 않을 것이다. 그리고 당신의 내적 대화를 잠잠히 하라. 그래야 성령이 당신에게 무엇을 말씀하시는지 들을 수 있게 된다.

하나님의 테라피의 목적은 우리의 진정한 형상을 다시 회복하도록 만드는 것이다. 우리는 진정한 우리가 되는 것을 겁낼지도 모른다. 예수는 이러한 상황에 대해서 다음과 같이 이야기한다. "자기 목숨(자신의 거짓 자아)을 얻으려는 사람은 목숨을 잃을 것이다." 거짓 자아는 미래가 없다.

"자기 목숨을 얻는 자는 잃을 것이요 나를 위하여 자기 목숨을 잃는 자는 얻으리라"(마 10:39).[1] 참 자아는 영적인 가능성이 무궁무진하다. 자신을 아무것도 아닌 존재(no-thing), 특별하지 않은 존재라고 생각하는 것은 친구들, 친척들, 재산이나 지위뿐 아니라, 자신의 몸과 감정들, 생각들, 그리고 내면 깊은 곳 자아와의 과잉 동일화를 포기하는 것이다. 그것은 또한 행복을 위한 정서적 프로그램들을 만족시키기 위한 우리의 과장된 욕망들을 수정(moderate)하는 것을 의미한다. 하나님의 테라피는 우리가 유전적, 기질적 요인들과 성격과 환경에 따라 이

---

[1] 이 번역은 the Thirteenth Sunday in Ordinary Time, Cycle A, *The Vatican II Sunday Missal*, copyright, 1970 by the Confraternity of Christian Doctrine, Washington, DC. 문서에서 나타난다.

치유 과정을 타협할 수 있도록 하는 것을 목표로 한다. 엄청난 하나님의 지혜는 무조건적이고 어떤 값을 치르더라도 이러한 치유를 반드시 가져올 사랑을 가지고 이 과정으로 우리를 인도하고 있다.

치유의 과정

우리가 매일 두 번씩 센터링 침묵기도를 하면서 성령께 우리의 내면 깊은 곳의 자아를 드러낼 때, 하나님의 테라피의 사무실인 골방에서는 무슨 일이 일어나는가?

　우리는 이미 이와 같은 심오한 치유의 과정과 변형의 과정을 위해 두 가지 중요한 목적을 구별하여 언급했다. 첫 번째는 우리의 기본적인 선함에 대한 확신이다. 우리가 하나님의 테라피에 순종하기로 결심할 때, 우선 하나님이 행하시는 가장 중요한 역사는 하나님이 우리를 존중하고 사랑하신다는 것을 우리가 다시 깨닫게 된다는 것이다. 우리가 선하지 않고 사랑스럽지 않은 존재이며 가치가 없는 존재라는 생각—이것은 그 동안 우리가 보아온 대로 초기 유아기로부터 우리 속에 자리 잡은 신념들이다—은 하나님에 대한 모욕이다. 하나님은 쓰레기 같은 인간을 만들지 않으신다. 우리가 우리 자신을 쓰레기로 만드는 것이다.

제12장 하나님의 테라피란 무엇인가? 143

하나님은 하나님의 선하심을 보여주고 있는 우리 안에 존재하고 있는 그분의 이미지를 지지하고 존중하신다. 지옥도 이러한 인간의 기본적 선함을 파괴시킬 수 없다. 우리가 아무리 여러 번 죄를 짓고 인간 조건에 굴복하고, 우리 자신의 양심과 다른 사람들의 필요와 권리를 무시했다 할지라도 고의로 짓는 자범죄의 결과와 인간 조건의 상처로부터 회복 가능한 우리의 불멸의 가능성을 제거할 수 없다.

우리의 기본적 선함에 대한 확신은 센터링 침묵기도 시간에 하나님의 현존감으로, 혹은 하나님으로부터 용서받았다는 깨달음으로, 혹은 사랑받고 있음을 감지하는 것으로 명백하게 나타난다. 이러한 재확증은 우리에게 흥미롭거나 불쾌한 생각들을 내려놓을 수 있는 힘과 용기를 준다. 기도하는 시간 동안에 우리는 그것들이 좋거나 나쁘거나 혹은 아무래도 상관없게 느껴진다고 해도, 그러한 사고에 대해서 생각하지 않는다. 그 대신에 우리들은 단순히 그것들이 우리의 지각을 지나서 밖으로 나가도록 한다. 이러한 기도 수련을 할 때에 시간은 우리의 친구가 된다. 만일 우리가 충분히 오랫동안 기다린다면 모든 것은 지나갈 것이다. 사고들, 느낌들, 감지하는 것들을 흘려보낼 때 우리는 어떤 수준의 평화를 경험하기 시작한다. 매일의 삶에서 심리적 지각과 내적 대화에 몰입한다는 것은 불안과 근심의 빈번한 요인이 된다. 우리의 마음이 차분해질 때, 적어도 정상적인 조건하에서 수많은 사고들이 잠잠해지고, 습관적으로 하나님의 현존을 느끼게 된다. 센터링 침묵기도를 하루에 두 번 충실히 행하는 것이 쉬운 것이며, 나아가 우리의 웰빙을 위해 필수적이다. 어떤 사람들은 센터링 침묵기도를 수련하지 않을 수 없다고 말한다. 만일 그들이 하루나 이틀 센터링 침묵기도 하는 것을 잊어버린다면, 그들은 마치 매일의 삶에서 중요한 것을 잃어버린 것처럼 불안을 느낄 것이다.

물론 센터링 침묵기도를 수련하는 사람들도 여전히 행복을 위한 프로그램과 자신이 속한 그룹에 대한 과잉 동일화의 영향을 받고 있지만, 그들은 누구나 기본적으로 편안함을 느끼는 경험을 통해서 센터링 침묵기도가 하나님의 테라피임을 나타내 보여준다. 우리는 우리의 삶 속에서 바뀌어야 할 것이 있다는 것을 알고 있다. 하지만 그것들은 아직 완전히 준비가 되지 않은 상태이며, 또한 어떻게 해야 하는지조차 모르는 경우도 있다. 또한 우리가 이 과정이 시작되기 전까지는 인식하지 못했던 변화될 필요가 있는 부분이 있다는 것도 알고 있다. 골방으로 들어간다는 의미는 하나님이 우리에게 요구하신 본성인 본래적 인간, 선한 의지를 표현하는 것이다. "와서 치료 받으라!"는 것은 하나님의 초대이다. 우리는 더 큰 평안, 고요, 때로는 기쁨만이 아니라 실천적인 방식으로 다른 이들에 대해 더 큰 관심을 갖게 되는 매일의 삶 속에 명백히 드러나는 새로운 세계를 향해 여는 것이다.

하나님의 테라피에서 우리의 관계들은 행복을 위한 정서적인 프로그램들과 자신이 속한 그룹에 대한 과잉 의존성, 과잉 동일화를 내려놓는 과정을 통해 치료받기 시작한다. 이렇듯 성장하는 내적 자유는 또한 우리의 몸과 생각들, 느낌들에 대하여 과잉 동일화하지 말 것을 함의한다.

정기적으로 센터링 침묵기도를 수련하게 되면, 관상기도로 인도함을 받는 수련이 자리 잡을 수 있도록 해준다. 더욱더 하나님의 영은 성령의 관상적 은사들인 지식(Knowledge), 이해(Understanding), 지혜(Wisdom)의 역사를 통해 우리의 기도를 인수받는다. 성령은 현실, 문화적 상황, 그리고 초기 유아기에 받아들인 실재, 문화적 조건, 신뢰 구조들에 대한 우리의 관점을 수정하기 시작한다. 나는 여기서 종교적인 신념에 대해 언급하기보다는 우리가 네 살에서 여덟 살 무렵 사회화 과정 속에서 내면화된 문화 혹은 환경에 대한 우리들의 현재의 신념에 대해 말하고 있다.

인간은 항상 일종의 신념 체계 속에서 행동한다. 그것이 실제로 일어났든 아니든, 의식적이든 무의식적이든 말이다. 예를 들어 만일 우리가 모든 사람들을 즐겁게 해야 하며, 학교에서 항상 전 과목 A를 받아야 하고, 매사에 높은 성취자가 되어야 한다고 믿는다면, 우리의 감정은 그러한 기대감에 대한 피할 수 없는 실패에 반드시 반응하게 될 것이다. 지위의 상징들과 그룹의 가치들은 신념 체계에 뿌리를 두고 있다. 그것들은 우리가 옳다고 믿는 것들, 혹은 우리가 진정 하기 원하는 것들을 선택할 수 있는 자유를 방해한다.

chapter 13 **정화의 과정**

하나님의 테라피의 두 번째 목적은 정화의 과정이다. 계속되는 치료의 과정 가운데 우리는 점차적으로 우리 인격의 어두운 면과 일생 동안 억압된 정서적 외상(emotional trauma)을 발견하게 된다. 이 문제를 달리 말해 보면 우리는 우리 안에서 하나님이 우리를 창조하신 이미지와 형상과는 반대되는 것들을 센터링 침묵기도를 하면서 시간이 흐름에 따라 발견하게 된다는 것이다. 우리의 진실로 고상한 기본적 선함에 대한 확증은 절반의 이야기에 지나지 않는다. 이러한 확신과 동시에, 우리의 거짓 자아를 치료받고자 하는 소망에 따라 치료자 하나님은 거짓 자아가 그 자리를 지키도록 하는 지지 조직을 제거하고 계시다. 외적인 환경들을 통해서, 하지만 대부분은 행복을 위한 정서적 프로그램들과 우리가 소속한 그룹을 향한 과잉 동일화에 대한 유혹을 감소시키면서, 하나님은 일생 동안의 정서적 상처들을 직면하도록 긴 영적 여정 동안 행복한 영적 위안(consolation)을 정기적으로 방해하신다. 그러므로 매일의 삶에서 우리의 좌절감을 다른 사람에게 투사함으로써 우리 자신은 그것들을 느낄 필요가 없게 된다는 것을 깨닫게 된다. 다시 말하면, 우리는 어린 시절의 외상으로부터 자신을 숨기기 위해 다른 사람들이나 사건들을 조종하고, 또한 그것들로부터 계속적으로 도망치기 위해 다른 여러 수단을 동원하는 다양한 보상적인 심리적 활동을 하고 있다.

무의식의 정화

하나님에 대한 경험과 영적 위로를 통한 깊은 휴식을 심화하면서 하나님의 테라피는 고통스러운 정서적 외상들의 잔재들을 느슨하게 풀어준다. 유아기 초에 정서적 고통으로부터 벗어나기 위해 우리는 이러한 상처들을 무의식 속에 묻어 버렸다. 센터링 침묵기도를 할 때나 일상의 삶 속에서 하나님은 부드럽게, 비교할 수 없는 세련된 방법으로 우리가 우리 자신의 이러한 정서적 상처들과 고통스러운 진실들에 주의를 기울이도록 그것들을 끄집어내신다.

하나님의 테라피 과정은 보통 몇 년이 걸린다. 그것은 일종의 고고학적 탐사와도 같기 때문이다. 하나님은 지금 우리가 처해 있는 곳에서 시작해서, 개인의 삶의 각 시기로 거슬러 올라가 최초의 유아기, 심지어는 자궁에서의 정서적 상처들을 다시 방문하면서 치유하신다. 이 과정에서 하나님은 우리로 하여금 철저하게 우리의 정서적 상처들을 받아들이고 순복하게 하신다. 정화의 과정은 여지없이 내적 자유라는 목적을 향하여 가면서, 같은 고통의 기억들은 더 깊은 차원에서 반복되면서 치유의 과정이 나타난다.

그러면 우리는 아마도 평화를 맛보게 되며 앞서 언급한 영적 위안이 될 만한 경험을 다시 하게 된다. 하나님은 우리가 이러한 평화의 영적 고원(plateaus)에서 충분히 쉬었다고 생각될 때, 다음과 같이 말씀하시며 다시 한 번 정화의 작업을 시작하신다. "자, 이제 다른 중요한 문제들을 살펴볼까?" 그것들은 우리가 오래 전에 이미 다루었던 것들과 똑같은 주제들로 느껴질 것이다. 어떤 면에서는 그렇기도 하다. 하지만 이제 우리는 그것들을 훨씬 더 심오하고 포괄적인 수준에서 다루게 되는 것이다. 끝없는 시나리오처럼 오래 전의 문제들이 다시 등장하지만, 이제 그것들은 훨씬 더 명료하고, 강렬하며, 최종적인 결단을 요구한다. 그 후에는 내적 자유가 있다.

이러한 문제들은 사실 우리가 이미 직면해 왔던 것들과 같은 것이 아닐 수도 있다. 우리는 무의식의 더 깊은 차원의 문제를 다루고 있는 것이다. 자비로우신 하나님은 우리의 무의식적 애착으로 빚어진 아픈 이야기들을 단번에 혹은 지금 당장 들여다보라고 요구하지 않으신다. 하나님은 우리를 너무나도 철저히 잘 알고 계시므로 우리의 영적 여정 어느 시점에서도 우리가 다룰 수 있는 이상으로 더 많은 자기 인식(self-knowledge)을 해야 한다고 강요하지 않으신다. 그러나 우리가 더욱 겸손해지고 보상적 활동을 포기할 때 더 깊은 자기 인식을 하게 되며, 그렇게 될 때 내면의 빛은 더욱 밝아진다. 즉 세례를 받음으로 주어진 성령의 일곱 가지 은사 중의 하나인 지식(Knowledge)의 은사가 나타나는 것이다. 기독교의 관상적 용어로 볼 때, 이것은 십자가의 요한이 "감각의 밤"(the Night of Sense)이라고 언급한 상태가 시작되는 것이다.

감각의 밤

지식의 은사는 센터링 침묵기도 수련을 통해 배양한 내적 침묵의 성장을 통해 자발적으로 나타나는 직관적 의식이다(성찰과 이성의 기능에 의해서 도달할 수 있는 것이 아니다). 이는 또한 거룩한 독서(*Lectio Divina*), 예전, 다른 형태의 기도를 통해서도 도달할 수 있다. 하지만 내적 침묵을 배양하는 정기적인 수련을 위한 수단으로서 센터링 침묵기도는 더욱 직접적이며 그 과정을 더욱 빠르게 진행시킬 수 있다. 조금씩, 혹은 아마도 한꺼번에 우리가 실감하게 되는 큰 발전이 있게 된다. 그것은 우리가 무한한 행복을 위해 만들어졌다는 것뿐 아니라 그 행복은 행복 자체이신 하나님 안에서만 발견될 수 있다는 것이다. 이러한 통찰은 우리가 살고 있는 특정한 사회가 제시한 상징인 행복을 위한 정서적 프로그램들을 만족시킴으로써 행복을 찾을 수 있다고 믿던 그 모든 기대감들을 상대화시킨다. 이제 우리는 안전과 생존, 힘과 통제, 혹은 사랑과 존경의 문화적 상징들을 통해서는 더 이상 행복을 찾을 수 없음을 안다. 엄청난 자유가 우리 안에 열려 있다. 하지만 우리가 정서적 프로그램들에 너무도 집착했었기 때문에, 우리는 슬픔에 빠질 수도 있다. 그러나 센터링 침묵기도를 통해 거짓 자아와 그 위에 만들어진 정서적 프로그램을 근본적으로 철거하고 약화시키는 작업이 진지하게 시작된 것이다.

더 이상 정서적 만족을 가져오던 정서적 프로그램을 통해 행복을 찾을 희망이 없기 때문에, 우리는 슬픔과 메마름, 그리고 아마도 절망스러운 시기로 이동하게 된다. 이 큰 슬픔은 우리가 대단히 사랑하던 것을 잃었을 때 느끼는 것과 같은 자연스러운 반응이다. 때로는 절박하게 우리는 행복을 추구하는 정서적 프로그램들이 작용하기를 희망하지만, 이제 우리는 그러한 일이 일어나지 않을 것을 알며 우울증적 감정들을 경험하게 된다. 이러한 통전적 건강으로의 결정적 움직임은 질병에 해당하는 임상적 우울증과는 신중하게 구분되어야 한다.

우리는 이제 감각의 밤을, 대단히 사랑하던 것을 잃어버렸을 때 느끼는 상실감에 대한 반응으로부터 나오는 자연스러운 슬픔의 과정으로 볼 수 있다. 우리가 그 기간을 참을성 있게 지나간다 할지라도 우리는 스트레스, 흐르는 눈물, 기대감들에 대한 큰 실망, 그리고 아마도 스며드는 절망감을 느끼게 될 것이다. 대단히 가슴 아프게도 우리는 우리가 하나님과 가졌던 관계가 알지도 못하고 이해할 수도 없는 어떤 것에 의해 서서히 약화되어 가고 있다고 느낀다. 우리는 이러한 생각들이 단지 우리의 이성적 기능들이 이해할 수 있는 방법으로 당혹스럽고 고통스러운 경험을 해석하는 이치에 맞는 합리화 또는 해석임을 알아야 한다. 그와 같은 어느 것도 이전에 우리에게 일어난 적이 없기 때문에, 우리가 이전에 받았던 재확증과 영적 위로가 저하함으로 이러한 현상을 하나님의 명백한 부재로 해석하게 될 수도 있다.

만일 이것이 그러한 경우라면, 우리는 슬픔과 혼란을 하나님께 투사하고 있는 것이다. 그 결과로서 우리는 하나님이 우리를 슬프게 하고 있다고 잘못 생각하게 되는 것이다. 우리는 하나님으로부터 거부당하고 있다고 느낄지도 모른다. 이보다 더 진실과 거리가 먼 것은 있을 수 없다. 하나님은 우리와 하나님의 관계에 있어서의 혼합된 동기를 정화하고 치유하고 계신다. 하나님과의 관계성에도 어떤 면들은 우리가 처음 영적 여정을 시작할 때 영적인 면으로 쉽게 해석되었던 행복을 위한 정서적 프로그램들의 영향 아래 있었다. 이제 영적 위로와 하나님이 허락하셨다는 특별한 증거들의 형식으로 보상을 추구함이 없이도 하나님을 예배할 때가 온 것이다. 우리는 우리를 위한 하나님의 사랑을 순수한 믿음으로만 믿도록 부름받았다.

이와 같은 하나님의 역사하심을 통해 지적되고 있는 우리의 문제점은 우리가 다른 혼합된 동기들을 가지고 하나님과 교제하고 있었다는 것이다. 그렇다. 우리는 하나님께 그렇게 예배하고 있었다. 그리고 우리는 은혜로 인도함을 받고 있었다. 하지만 하나님의 테라피가 아직 미치지 않은 우리의 깊은 무의식에 인간적 기대감들이 여전히 뿌리박혀 있다. 이러한 상황에서 하나님이 우리에게 요구하시는 모든 것은 무슨 일이 있어도 "감각의 밤"에 나타나는 슬픔의 기간을 받아들이고 신실하게 기도하라는 것이다. "감각의 밤"이 하는 기본적인 일은 거짓 자아의 뿌리까지 침식해 들어가는 것이다. 물론, 그 궁극적인 목표는 거짓 자아의 죽음이다.

"감각의 밤"은 오랫동안 지속될 수 있으며, 슬픔의 기간이 제한되어 있지 않다. 그것은 하나님이 더 이상 매일, 매주 기본적으로 영적 위로를 우리에게 주지 않으신다는 사실에 대하여 적응하는 시간이다. 오히려 하나님은 이러한 은혜 안에서 성장하라고 촉구하시며, 우리의 삶 속에서 어떠한 방법으로든 자신에게 적합한 방법으로 하나님의 현존을 명백히 드러낼 수 있는 책임감 있는 삶을 살도록 촉구하신다. "감각의 밤"의 영향으로 골방(즉 하나님의 테라피 사무실)은 확장되기 시작한다. 벽들이 무너지고, 우리가 기도하는 골방을 떠나도 정화의 과정은 우리를 따라다닌다. 다른 말로 하면 매일의 삶 속에서 영적인 하나님의 현존은 우리와 동행한다. 하나님의 테라피는 성령의 여러 가지 열매들과 일곱 가지 은사를 활성화할 뿐 아니라 우리의 실수들이 드러나는 모든 환경 속에서도 지속된다. 그러한 역사를 통해, 우리는 우리의 존재와 우리 안에 내주하시는 하나님의 영적 차원을 더욱 예민하게 인식하게 된다. 하지만 이는 의식의 더 높은 차원이 우리의 책임과 일상의 활동을 방해하지 않는 방법으로 이루어진다.

그러므로 예수가 그의 제자들에게 일종의 제자 훈련을 실시했다는 것을 상기해 보는 것이 좋겠다. 하나님은 우리에게 전혀 화를 내지 않으신다. 그분은 우리가 실수할 것을 아신다. 그분은 우리에게 수만 번(사실상 수억, 수조의) 기회를 주셨다. 오히려 하나님은 우리의 연약함을 좋아하신다. 왜냐하면 그분의 무한한 자비를 베풀 수 있도록 해주기 때문이다. 바울이 특별히 그를 괴롭히던 약점으로부터 구원해 달라고 열심히 기도할 때, 하나님은 그에게 이렇게 말씀하셨다.

> "내 은혜가 네게 족하도다. 이는 내 능력이 약한 데서 온전하여짐이라"(고후 12:9).

이 본문에 따르면, 우리가 우리의 연약함을 받아들이는 것이 오히려 우리가 하나님께 큰 호의를 베푸는 것이다. 그래서 우리의 영적 여정에서 어떻게 행동해야만 하는지, 우리 자신의 이상적인 이미지를 측정하지 않는다는 사실 때문에 슬퍼할 이유가 없는 것이다. 그것은 명백하게 자아 중심적 자만이다.

영의 밤

영의 밤은 보다 더 근본적인(radical) 심리적-영적(psycho-spiritual) 치료이다. 십자가의 성 요한에 따르면, 그것은 하나님 사랑의 부으심(infusion)으로 나타나게 된다. 세례 요한은 그것을 성령 세례라고 언급한다(요 1:33). 이 사랑은 이제 더 이상 위에서 언급한 영적 위안을 주는 경험들이 아니라, 하나님의 부재처럼 보이는 어둠 가운데 더욱 밝아지는 순수한 믿음의 확장을 통해서 다가오는 것이다.

영성 수련을 통해 느껴지는 영적 위안으로부터 우리가 얻었던 비밀스러운 만족은 사라진다. 그 후에는 모든 인간과 하나님으로부터 오는 지원을 빼앗겼다는 느낌이 있게 된다. 사라진 것은 우리가 이전에 영적 여정을 유지하기 위해 의존했던 인간적 버팀목들이다. 우리의 기능들은 이를 알아차리려 노력하면서, "나는 하나님을 기쁘시게 하지 못한 나의 비밀스러운 죄를 회개해야만 해. 혹은 하나님은 나에게 관심이 없으셔"라고 말한다. 이렇게 생각하는 것은 모두 난센스이다. 그것은 거짓 자아가 하는 논평 방식이다. 이러한 염려가 올 때는 아바 아버지에 대한 무한한 확신과 믿음으로 강력히 대항해야만 한다. 이 시점에서 이 과정을 모두 경험한 사람과 상담이나 영적 지도를 받는 것이 큰 도움이 된다.

몇 가지 관점에서 볼 때 영의 밤보다 더 큰 은혜는 없다. 그 한 가지는, 최소한 그것이 황홀경의 경험이라든지 관상기도의 핵심이 담겨 있는 대단히 각성된 상태가 아니라 우리 자신의 심리적 집단 무의식의 정화라는 것을 아는 것이다. 이 깊은 정화는 세례를 통해 풍부하게 부어진 영적 은사들이 활성화를 위해 대기하고 있는 존재론적(Ontological) 무의식 속에 담겨진 은혜를 방출하게 되는 것이다. 또한 우리는 어떤 극단적 상황 하에서 모든 악을 행할 수 있는 우리의 심리적, 무의식적 죄의 뿌리를 정화할 수 있다고 확신한다. 이 해방의 전 과정은 성령이 우리의 전 삶을 떠맡게 되는 과정이다. 만일 우리가 아빌라의 테레사가 『영혼의 성』(*Interior Castle*)에서 언급한 영적 위안과 황홀경의 경험만을 계속적으로 추구한다면 우리는 평범한 사람으로서의 기능을 할 수 없을 것이며, 평범한 삶을 영위할 수도 없을 것이다. 영적 위안들은 특별한 영적 경험들을 광범위하게 초월하는 하나님과의 일치의 단계로 나아가게 하는 단계일 뿐이다. 영의 밤의 목표는 우리로 하여금 하나님의 현존과 그분과의 일치를 영구적이고 연속적으로 지각하도록 하는 것이다. 어린이의 본능적 욕구에 근거를 둔 우리의 행복을 위한 정서적 프로그램들은 마침내 진정으로 쉴 곳을 찾게 된다. 그리고 하나님은 우리의 안전을 위한 피난처이며, 우리가 가장 사랑하는 대상이며, 우리의 진정한 자유가 되신다.

영의 밤은 감각의 밤의 역사를 완성한다. 영의 밤은 그리스도의 수난을 좀 더 심오하게 공유한다. 우리는 파스카 신비—즉 그리스도의 수난, 죽음, 지옥 하강, 부활과 승천—를 이해하여 우리의 것으로 만든다. 승천은 아버지의 우편에 앉으신 그리스도의 영광에 대한 축제이다. 우리가 승천의 신비와 동화된다는 것은 기독교인의 변형의 완성이다. 이런 관점에서, "변형의 일치"

는 새로운 삶의 시작이다. 아마도 우리는 이것을 진정한 기독교인의 삶이라 부를 수 있을 것이다. 즉 기독교인들은 지속적으로 이러한 삶에 참여하고 이러한 삶을 드러내도록 부르심을 받았다.

chapter 14 관상기도의 단계들

　센터링 침묵기도 수련은 우리 내면에 하나님의 현존과 역사하심에 동의한다는 의미로 한두 음절로 된 거룩한 단어를 침묵 가운데 도입한다. 이것은 하나님을 향한 내면적 응시와 비슷하다. 거룩한 응시란 이미지나 특정한 개념이 아니라 우리가 우리 안에 존재한다고 믿는 비밀스러운 하나님의 현존을 향해 의지를 가지고 단순히 내면으로 향하는 것이다. 하나님에 대한 우리의 의도와 하나님의 역사하심에 대한 동의는 또한 성령을 상징하는 우리의 숨을 의식함으로써 표현될 수 있다. 히브리어(루아흐$_{ruach}$)와 그리스어(프뉴마$_{pneuma}$)에서 모두, "영"(spirit)은 "숨"(breath)을 의미한다. 센터링 침묵기도에서 우리의 숨을 의식한다는 것은 숨을 고르거나 숨 쉬는 것에 집중하는 행위가 아니다. 숨을 쉬기 때문에 단순히 그것을 자각하는 것이며 그것은 쉬운 일이다. 이 세 가지 행위는 모두 기독교 관상전통에서 우리 안의 하나님의 현존과 역사하심에 동의하는 의도된 표현이다. 좀 더 정확하게 말하면 우리를 하나님과 같이 온전하게 변형시키시려는 하나님의 의도로서 성스럽게 생각했다.

우리가 매일 센터링 침묵기도를 수련하게 되면 매력적이거나 혹은 부정적인 생각들을 흘려보내는 능력이 향상된다. 사고를 흘려보내는 것이 점점 더 쉽게 즉시 이루어진다. 이것이 습관이 될 때, 심지어는 가장 흥미롭고 매혹적인 생각에 대해서조차도 우리가 전혀 흥미로워하지 않는다는 걸 자각하게 되는 순간이 온다. 그러한 순간에 우리의 정신과 마음은 성령의 역사하심에 더욱 전적으로 반응할 수 있게 된다.

센터링 침묵기도를 하는 동안 의식의 흐름을 따라 지나가는 생각들에 집착하지 않는다는 사실이 판단 기준은 아니다. 이것은 사고하는 이성적 작용이라기보다는 다소간은 의식적 선택이며, 그리고 이는 동시에 직관적으로 일어난다. 수련자는 신체적 감각, 감각 인지, 감정들, 기억, 계획, 개념들, 이미지, 성찰—센터링 침묵기도에서 "사고"라고 부르는 모든 것—등 다양한 종류의 사고들이 스쳐 가는 것을 자각하게 된다. 그럼에도 불구하고 우리는 이러한 생각들이 하나님과의 교제를 방해하지 않는다는 내적인 확신을 느끼게 된다. 센터링 침묵기도는 하나님의 은혜로 하나님과 대화하는 기도에서 일치로, 능동적 기도에서 수동적 기도(receptivity)로 나아가도록 영감을 받는 기도이다. 이 수동적 기도는 단순히 수동적임을 의미하지 않고 귀한 손님이나 사랑하는 사람을 자신의 집에 맞이하는 특별한 방식과도 같은 환영의 특징을 지니고 있다. 이러한 환영의 특징을 지닌 수동적 기도는 성령의 관상적 은사들이 뿌리를 내리고 점차로 우리의 기도를 지배하도록 한다. 그러면 성령은 모든 방법들을 떠나서 기도하는 시작부터 끝까지 우리를 인도하신다.

내적 잠심 기도

때때로 사고들에 대한 집착으로부터 자유를 경험하는 것은 고전적 의미에서 관상기도의 시작이라고 볼 수 있다. 이러한 은혜가 처음에는 약하기 때문에 사고가 떠올랐음을 인식하면 내적 침묵과 거룩한 단어로 돌아가는 자신만의 매우 조용한 활동을 번갈아 하는 것이다. 사고의 개입에서 자유하게 됨을 알아차릴 때 진정한 자유를 맛보게 된다. 그 결과로서 사랑과 평화, 기쁨—바울이 언급한 성령의 첫 세 가지 열매—이 기도시간이 아닌 실제적인 삶 속에서, 즉 우리의 활동과 인간관계에 나타난다.

센터링 침묵기도를 하는 동안 기도하는 자가 그의 사고에 관심을 갖지 않게 되는 것은 관상기도가 뿌리를 내리고 있다는 증거이다. 내적 침묵은 더욱더 심오해지고, 깊이 스며들며, 더욱 평화롭게 된다. 매일 센터링 침묵기도 수련을 통해 내적 침묵의 은사는 우리 안에 아주 소중한 씨앗으로 심어지며, "은밀한 기도" 속에서 완전히 꽃을 피운다.

센터링 침묵기도를 하는 동안 우리의 상상 속에서 진행되는 일반적인 심리적 파노라마에 흥미로워하지 않도록 성령이 우리의 의지를 붙잡고 계시다고 가정해 보라. 우리가 일반적인 어떠한 종류의 사고에도 관심을 갖지 않게 되는 이유는 성령이 우리의 깊은 존재의 중심으로부터 향수 향기에 비견될 만한 영적인 매력을 발산하시기 때문이다. 이것은 물론 은유적 표현이지만, 몇몇 교부들은 하나님의 현존이 우리의 영적 의지를 매혹시키는 방식에 대해 우리를 자연스럽게 매혹하는 달콤한 꽃향기의 은유를 사용했다. 우리의 영혼은 그 원천인 하나님의 즐거운 현존감을 따르기 원한다. 아마도 시편 기자가 "주의 선하심을 맛보고 알라"(시 34:8)라고 쓸 때 경험했던 것이 이것이었을 것이다.

고요의 기도

센터링 침묵기도를 하는 동안 침묵과 홀로 있기, 내적 평화의 매력이 우리의 의식 속으로 더욱 빈번하게 스며들어 오

제14장 관상기도의 단계들

기 때문에 아빌라의 테레사가 "고요의 기도"라고 부른 기도로 발전된다.[1] 이때 침묵에 대한 단순한 매혹에 이끌린다기보다 성령이 더욱 강하게 우리의 영적 의지를 붙잡으신다. 이는 우리가 사고를 전혀 하지 않는다는 것을 의미하는 것이 아니다. 반대로, 때때로 감정들과 이미지들은 다른 어느 때보다 더욱 강렬하며 고약하다. 이 단계의 관상기도에서, 성령은 우리의 상상과 논리적 기능들뿐 아니라 의지도 붙잡지 않으신다. 의지는 성가시게 구는 폭격탄과 같은 사고들이 우리의 기억이나 상상에서 진행되는 동안, 동시에 어느 정도 깊고 만족할 만한 방식으로 하나님과의 일치에 대해 자각한다. 어떤 특정한 생각을 따라감으로써 맛있는 하나님의 현존감을 잃게 되리라는 두려움이 있을 것이다. 그러한 하나님의 현존은 강도가 완화된 즐거움이지만, 기도 시간을 연장하기를 원하는 만큼 충분히 강한 어떤 기쁨이 있다.

우리는 살아오면서 평생 동안 잘못된 곳에서 행복을 찾아 왔다. 그리고 지금 갑작스럽게 그것을 찾을 수 있는 방향을 발견하게 된 것이다. 자연스럽게, 우리는 가능한 한 그 경험을 연장하고자 할 것이다. 그 결과로서 어떤 사람들은 규칙적으로 하는

---

[1] *Interior Castle*, 4th mansion, chapter 2.

기도 시간을 늘리려는 경향이 나타난다. 이것은 더할 나위 없이 하나님의 은혜로 영감을 받게 된 것이다. 하지만 그저 영적 위로를 받기 위해 정기적인 기도 시간을 늘려서는 안 된다. 삶 속에서 그들이 이행해야 할 여러 다른 의무들이 있다는 것을 알아야 함은 의심할 여지가 없다. 긴 시간 동안 잠심에 잠겨 기도를 즐기는 것이 그러한 의무를 대체할 수는 없다. 동시에 그들은 자신이 거부당한 느낌에 대해—특별히 초기 유아기에 가족이나 주변 사람들로부터의 진실한 애정이 결핍되었다면—한동안 하나님의 크신 선하심과 다정하심을 경험할 필요가 있을 것이다. 고요의 기도는 몇 년을 두고 지속될 것이다.

일치의 기도(The Prayer of Union)

어떤 지점에 이르면 성령은 우리의 의지를 더욱 강하게 붙드신다. 하나님의 의지와 우리의 의지가 일치되는 단계에서 하나님의 역사로 상상과 기억이 둘 다 일시적으로 정지되는 심리적 경험을 한다. 말하자면 하나님은 그의 은혜의 충만함을 우리가 받아들이는 데에 있어 핵심을 잃어버리거나 실패하지 않도록 하기 위해 우리를 향해 마음을 여신다. 그리고 잠시 동안, 혹은 좀 더 길게 우리의 성찰의 기능들을 정지시킴으로써 우리 안에 있는 정신적 장애물들을 쉽게 하신다. 그러면 우리는 이 세상의 모든 즐거움들을 취하여 쓰레기통에 버릴 준비가 되는 것이다. 그 무엇도 하나님 현존의 기쁨에 비할 수 없다. 일치의 기도는 우리의 의지가 하나님과 온전히 일치되고, 기도자가 그것을 온전히 의식하는 단계의 기도이다.

온전한 일치의 기도(The Prayer of Full Union)

하나님께서 더욱더 강하게 움켜쥐듯이 우리를 붙드실 때 기도자가 온전한 일치의 기도로 들어간다. 이러한 은혜가 임하게 되면 모든 자기 성찰적 요소는 없어진다. 기도자는 기도가 끝나기 전에는 자신이 이 단계에 있다는 것조차 의식하지 못한다. 나중에서야 자신이 믿기 힘들 만큼 놀라운 영적 세계에 있었다는 것을 알게 된다. 성령이 일반적인 성찰의 기능들을 중지시켰을 뿐 아니라 개인적 자기에 대한 감각도 중지시켰기 때문이다. 적어도 그 순간 기도자는 무슨 일들이 일어났으며, 그것이 어떻게 될 것인지에 대한 모든 관심을 잃게 된다. 테레사에 따르면, 온전한 일치의 기도는 그리 오래 지속되지는 않는다. 그녀는 그것이 30분 이상

지속되지 않는다고 기록하였다. 그러나 이러한 상태는 기도하는 같은 시간 동안 다양한 수준의 강도로 반복될 수 있다.

반면에 이것은 일생 동안 단 한 번 혹은 두 번 정도 일어날 수 있다. 이것은 또한 대단히 빈번하게 자주 일어난 후 가라앉았다가 모든 것이 완전히 멈출 수도 있다. 관상적 상태와 가장 비슷한 단계가 되려면 고요의 기도가 그들의 기도의 습관적 상태가 될 것이다. 일단 기도자가 그것에 익숙해지게 되면 영적 감미로움과 위로를 그다지 인식하지 않게 되며, 기도하는 시간은 오히려 건조해지는 듯하다. 하지만 그것은 관상적 상태의 지속적 성장과 변형에 활력과 자양분을 주며 필수적이다.

변형적 일치의 은혜
(The Grace of Transforming Union)

특정한 은혜들은 아무리 고귀하고 숭고하다 해도 변형적 일치에 비한다면 그저 하나님과의 부분적 교류에 지나지 않는다. 그것들은 우리가 변형의 일치로 향하도록 하는 데에 큰 가치가 있으며, 심지어는 우리 자신의 정체성에 대한 애착까지도 포기하게 하는 무(no-thing-ness)의 경지에 이르도록 우리의 영적 여정을 돕는다. 변형의 일치의 한 가지 증표는 "지금 이 순간"이 가지고 있는 함의 혹은 요구하는 것은 무엇이든지 간에 하나님의 선하심과 온유하심을 명백히 드러내는 것이다. 이는 현재 이 순간에 하나님께서 우리에게 원하시는 것을 하는 것이며, 현재 이 순간에 하나님께서 우리에게 원하시는 대로 반응하는 것이다.

변형적 일치는 우리 안에서 진행되고 있는 하나님의 엄청난 은혜의 역사를 감추고 있다. 우리는 결국 성부께서 은밀하게 보신다는 것이 무엇을 의미하는지, 우리에게 있어서 은밀하게 기도한다는 것이 무엇을 의미하는지를 배우게 된다. 하나님의 역사는 계속해서 우리 안에서 스스로 나타난다. 우리의 사명은 우선적으로 우리가 인지할 수 있는 한 은혜의 부르심에 응답하고, 말하자면 우리가 "그리스도 예수 안에"(롬 8:1) 있다는 경험적 증거인 성령의 열매들과 일곱 가지 은사들을 통해 성령이 우리를 움직이시도록 하는 것이다. 우리는 다섯 번째 복음서(역자의 주: 성경의 4복음서 외에 또 하나의 복음서라는 뜻) 같은 존재이다(물론 정경적인 것은 아니다). 하지만 우리는 예수의 가르침뿐 아니라 예수가 무조건적 사랑의 하나님인 아바 아버지에 대해 가졌던 경험에 대해서도 증인이 된다.

거짓 자아가 사라질 때 참 자아는 바울이 "새로운 피조물"이라고 일컬은 새로운 자아를 형성한다. 그는 이를 다음과 같이

묘사하였다:

> "그런즉 이제는 내가 사는 것이 아니요 오직 내 안에 그리스도께서 사시는 것이라"(갈 2:20).

우리는 여전히 살아가고 있다. 하지만 이제는 더 이상 거짓 자기의 삶이 아니다.

일치(Unity)

하지만 하나님과의 일치의 단계는 여전히 두 인격을 필요로 한다. 그들의 일체성은 너무 완전해서 그들 각자는 상대편에 자신을 쏟아 부어 상대편이 되어야 한다. 그런데 변형의 일치 이면에는 변형의 일치마저도 초월하여 승천의 신비에 의해서 드러나는 그 이상의 발전이 있다. 베긴회(Beguines, 13세기 평신도 운동), 특별히 앤트베르프의 하데비치(Hadewijch of Antwerp)와 마가리테 포레테(Marguerite Porete)에 따르면, 성부와 성자가 하나가 된 것 같이 성령 안에서 인간이 하나님과 일치하게 된다. 이러한 완벽한 하나 됨은 최후의 만찬에서의 예수의 기도에 나타나 있다.

"아버지께서 내 안에, 내가 아버지 안에 있는 것같이 그들도 다 하나가 되어 우리 안에 있게 하사‥내게 주신 영광을 내가 그들게 주었사오니 이는 우리가 하나가 된 것같이 그들도 하나가 되게 하려 함이니이다. 곧 내가 그들 안에 있고, 아버지께서 내 안에 계시어 그들로 온전함을 이루어 하나가 되게 하려 함은 아버지께서 나를 보내신 것과 또 나를 사랑하심같이 그들도 사랑하신 것을 세상으로 알게 하려 함이로소이다"(요 17:20-23).

chapter 15 **시대적 징후에 대한 응답**

    센터링 침묵기도는 수도원과 같은 특별한 환경을 필요로 하지 않으면서도, 수도원적 기도의 정수라 할 수 있다. 그들 이면의 수도원적 영성의 오랜 전통과 함께, 일반적으로 수도사들은 그들이 따르는 베네딕트의 규칙에 포함된 그 이상의 어떤 방법도 필요치 않다고 느꼈다. 그들의 근간이 되는 관상 수련은 거룩한 독서(*Lectio Divina*)로, 이는 "하나님의 영감으로 씌어졌다고 믿어지는 성경을 읽는 것"과 같다고 말할 수 있다.

    수도사들은 대단히 진지하게 집중하며 성경에 나오는 하나님의 말씀을 기도하듯 듣는 수련을 하면서, 관상의 단계로 나아가는 데에 익숙하다.

    20세기 약 3분의 2의 기간 동안에, 세계의 주요 종교들의 영적 지도자들이 미국으로 건너와 명상(기독교적 용어로 관상기도)에 관한 각자의 방법들을 재현하고자 한 운동이 있었다. 이 영적 지도자들은 명상 방법들, 주목할 만한 심리학적 지혜, 그리고 수세기 동안 다양한 형태의 명상을 즐기고 어려움들을 참아낸 수련자들의 경험들을 바탕으로 그들의 가르침을 전했다.

센터링 침묵기도 운동

내가 1961에서 1982년까지 수도원장으로 있었던 매사추세츠 주 스펜서에 있는 성 요셉 수도원에는 다른 종교적 전통의 영적 지도자들에게서 가르침을 받았던 수많은 젊은이들이 이따금 찾아왔다. 동양의 영적 스승들의 실제적 수행 방법을 터득한 사람들이었다. 이 젊은이들은 마치 우리에게 다음과 같이 말하고 있는 것과 같았다. "우리는 동양의 영적 전통에서 배운 명상법으로 수련하고 있습니다. 당신들의 명상법은 어디에 있습니까?" 그 당시 기독교 전통은 실제적으로 이 물음에 대해 할 말이 없었다.

그때 우리 수도사들도 기독교 관상 전통의 핵심을 구체적인 기도 방법으로 만들 수 있다는 생각이 떠올랐다. 사실 수도사들의 삶은 삶의 규칙에 대한 광범위한 접근 가운데 하나의 방법이지, 그것이 수도사나 수녀들 개인의 특정한 심리적-영적 필요를 위해 만들어진 것은 아니다. 수년간 기독교 관상 전통을 깊이 연구하고 그렇게 살려고 노력하면서, 우리는 이 시대의 사람들이 더욱 쉽게 접근하고 잘 이해할 수 있도록 무언가를 해야 한다고 생각했다.

제2차 바티칸 공의회의 목적 중의 하나는 현대 사회에 더 잘 적용하도록 한다는 측면에서 로마 가톨릭 전통을 분명히 하는 것이었다. 예전적이고 신학적인 개혁의 차원에서 많은 발전이 있었다. 우리는 하나의 방법으로서 관상 전통을 소개함으로써 수도원에서 배우고 살아왔던 치유적이고 변형적인 가치들을 지닌 기독교 관상적 유산을 수도원 밖에서 살아가는 사람들에게 전파할 수 있기를 원했다.

센터링 침묵기도는 존 카시안(John Cassian)에 의해 서구로 전파된 3, 4세기 이집트 수도원 경험의 핵심을 정리한 것이며, 주로 서양에서는 성 베네딕트의 규칙을 통해 보존되었다. 센터링 침묵기도(Centering Prayer)라는 이름은 신부들과 수도자들을 위한 초기 수련회에서 제안되었다. 그 당시 우리의 사역은 신부와 수도자들이 그 방법을 어떻게 가르칠 것인가에 대해서 관심을 갖도록 훈련하는 것이었다. 세상 사람들을 향해 사역하는 것이 그들의 소명이었기 때문에, 그들이 이를 잠시 동안 훈련하고 그것을 다른 이들에게 효과적인 방식으로 제시하는 방법을 배운 다음 이를 기독교 공동체와 공유하기를 소망했다.

사실상 우리가 많은 평신도들이 신부나 수도자들만큼이나

기독교의 영적인 삶의 더 깊은 지식을 갖기 원한다는 것을 발견하는 데는 그리 오랜 시간이 걸리지 않았다. 그들은 그것이 발견하기 어려움에도 불구하고 그것이 어디엔가 있다는 것을 직관적으로 알았다. 이 사실을 염두에 두고 일련의 센터링 침묵기도 수련회가 스펜서 수도원의 게스트하우스에서 열렸던 것이다. 이 수련회에 처음에는 신부들이, 그 다음에는 수도자들이, 마침내는 평신도들이 참여하게 되었다.

기독교에서는 기독교적 관상 전통이 오랫동안 잊혀 왔다. 그것을 마치 선반에 올려놓은 듯이 사용하지 않았으며, 기껏해야 봉쇄 수도원의 수도사와 수녀들을 위한 것처럼 생각했다. 그것은 가톨릭 학교나 신학교 학생들, 혹은 교인들에게도 가르쳐지지 않았다. 교회는 영적 사막 가운데 있었고 다양한 역사적, 그리고 여러 다른 이유들로 인해 그 자리에 수세기 동안 머물러 있었다. 나는 청년 시절에 개인적으로 관상기도를 배우고 수련할 곳을 찾으면서 이 문제에 직면했었다. 내가 상의한 누구도 수도원이나 수녀원 이외에 그러한 곳이 존재할 거라고는 생각하지 않았다.

기독교적 전통을 가진 미국인들이 자신들을 희생하며 자신들의 기독교적 관상 전통을 전혀 인식하지 못한 채, 미국에서는 가능하지 않다고 생각하는 관상적 차원의 기도를 배우고 찾기 위해 인도나 동남아시아로 향하는 신실한 교인들을 본다는 것은 가슴이 아픈 일이었다. 반면 그들이 동양의 영적 수행으로부터 많은 것을 얻기도 했지만, 때때로 그 가르침들이 그들의 기독교 신앙과 상치되는 문제를 발견하게 되었다.

우리는 이때 망각 속에 빠져 있던 기독교 관상 전통이 다시 살아날 시간이 된 것이라 여겼다. 심지어는 신실한 기독교적 구도자들도 동양 종교가 가르치는 것과 같은 관상 수련이 기독교 전통에는 없다고 믿었다. 관상기도에 대한 나의 경험에 근거해서, 나는 기독교가 최소한 하나님과의 일치와 변형에로 향한 경로를 사람들이 보도록 내놓아야 한다고 느꼈다. 나의 동료인 윌리암 메닝거(William Meninger) 신부, 바실 페닝턴(Basil Pennington) 신부와 다른 이들이 이에 동의했고, 메닝거 신부는 1975년 수도원 게스트하우스에서 수도자들에게 센터링 침묵기도를 가르치기 시작했다.

그 다음 몇 해 동안 수많은 사람들이 기독교의 관상기도 유산에 대해 배우는 것에 관심을 가지고 있음이 명백해졌다. 그들이 매일 두 번씩 센터링 침묵기도를 수련할 때, 많은 이들이 중요한 이점을 깨달았다―그들은 매일의 삶 속에서 큰 평화를 경험하고 어려운 문제를 대면할 수 있는 힘을 경험했다. 어떤 이들은 매일 규칙적인 수련 없이는 직면하게 되는 어떤 심한 고난들을 견뎌 낼 수 없다고 고백했다. 더 긴 기간 동안 기도할 수 있는 센터링 침묵기도 수련회에 참석한 어떤 이들은 센터링 침묵기도를 다른 사람들과 나누고 싶은 마음을 가졌다. 그래서 점점 더 많은 곳에서 센터링 침묵기도를 가르치기 시작했다. 이것은 센터링 침묵기도가 광범위한 기독교 공동체의 엄청난 요구에 대한 응답이었음을 증명하는 것이었으며, 그것이 순전히 성령의 역사라는 우리의 확신을 증명하는 것이었다.

일단 우리가 이것이 성령의 영감으로부터 오는 것임을 확신한 후, 우리의 다음 관심은 그 방법과 그에 관한 직접적인 개념의 근간들을 전달하는 최상의 방법을 찾아내는 것이었다. 그렇게 될 때 이 방법을 배우는 사람들이 하나님을 맛보며 수련을 지속해 나가는 더 나은 기회를 갖게 된다고 믿었다.

관상지원단 설립

1984년 말, 몇몇 수련자들이 센터링 침묵기도 방법을 전파하고 확장되어 가는 운동의 요구에 대응하는 프로그램을 개발하기 위해 영적 네트워크로서 관상지원단(Contemplative Outreach)이라는 조직을 만들었다. 관상지원단은 센터링 침묵기도 수련을 장려하고 직접적인 개념의 근간들을 발전시켜 나가는 것 외에, 네트워크 회원들과 계속적으로 교류하고 매일의 삶 속에서 복음의 관상적 차원을 키울 수 있는 수련을 발전시키도록 설계되었다. 네트워크의 지도층은 기도를 수련하는 이들의 경험을 경청하며 그들이 새로운 프로그램이나 진전된 수련을 요구할 때 응답하는 것을 원칙으로 세웠다. 관상지원단은 관상기도 하는 이들이 이제 다른 차원에서의 수련을 경험하면서 각각의 단계에서 나타나는 특정한 문제들에 대해 구체적인 영적 자양분을 필요로 하는 사람들의 다층화 된 조직체이다.

이 책이 언급한 바와 같이 센터링 침묵기도는 예수가 마태복음 6장 6절에서 말씀하신 기도 형식을 구체화한 것이다. "너는 기도할 때에 네 골방에 들어가 문을 닫고, 은밀한 중에 계신 네 아버지께 기도하라. 은밀한 중에 보시는 네 아버지께서 갚으시리라."

무엇이 그 보상인가? 나는 그것이 아마도 하나님이 다른 모든 것을 돌보아 주실 것이라는 의미라고 생각한다. 기도의 핵심은 수련자가 성령의 영감을 향해 돌아서는 것이다. 바울이 가르친 바와 같이,

> "우리는 마땅히 기도할 바를 알지 못하나 오직 성령이 말할 수 없는 탄식으로 우리를 위하여 친히 간구 하시느니라"(롬 8:26).

분명하게, 탄식은 말이 아니라 거대한 요구와 갈망의 나타남이다. 관상지원단은 문화적, 지리학적, 교파적, 그리고 종교적 경계들을 초월하시는 하나님을 만난 대단히 많은 사람들을 가

리킨다.1)

관상지원단의 세 가지 목표

나는 『센터링 침묵기도』(*Open Mind, Open Heart*)2)에서 관상지원단의 영적 네트워크 설립을 위한 세 가지 일반 목표를 열거한 바 있다.

첫 번째는 가톨릭교회의 관상 전통을 새로이 하기 위함이다. 그 책을 쓸 때, 우리는 이미 가톨릭교회가 직면하고 있었던 것만큼이나 다른 교파 사람들 중에도 관상기도를 사모하고 실천적 방식으로서 센터링 침묵기도와 관상적 삶에 관심을 가지고 있는 사람들을 접하고 있었다. 관상기도와 삶에 대한 관심을 가지고 있는 사람들이 광범위했기 때문에, 우리는 센터링 침묵기도 운동이 교파를 초월하여 하나님께서 이 시대에 기독교인들을 위해 품으신 뜻이라고 믿게 되었다.

관상기도의 고대 부정의 전승(apophatic tradition)은 마태복음 6장 6절의 예수의 가르침에 근거를 둔 것이며 초대 교부들,

---

1) 관상지원단 네트워크의 비전 선언문과 신학적 근거를 보려면, 부록 1(125)을 참고하라.
2) Thomas Keating, 『센터링 침묵기도』, 권희순 옮김(서울: 가톨릭출판사, 2006) 참조(역자 주).

더욱 구체적으로는 3, 4세기 사막의 교부들에 의해 정제되었다. 그것은 모든 이교들과 분파들이 생기기 전의 전통이다. 그러므로 모든 기독교인들의 전통이 된다. 즉 로마 가톨릭뿐 아니라 동방 정교회, 성공회, 개신교, 그리고 복음주의 교회들 모두를 포함한다.

따라서 관상지원단의 두 번째 목적은 기독교 관상 전통을 다른 기독교 공동체들에게도 용이한 것으로 만드는 것이다. 우리는 센터링 침묵기도가 교리적 차이를 넘어서 기도하는 사람들을 결속시킨다는 것을 다른 교파 사람들과 함께 기도하면서 경험을 통해 알았다. 이것은 그들의 중요성을 무시한다는 측면이 아니라 살아계신 그리스도에 대한 경험을 강조함으로써 공통된 경험으로 하나가 되는 것이다. 우리는 그들의 양심이 이끄는 대로 각 개인이 속한 신학적, 교리적 형식을 따르도록 놓아두었다. 센터링 침묵기도는 생각하거나 성찰하는 시간이 아니다. 우리는 기도 참여자들이 신학적인 성찰보다도 내외적 동요 없이 내면적으로 조용하게 침묵하도록, 그래서 더 깊고 더 통일된 하나 됨의 경험을 하도록 침묵하는 거룩한 서클 안으로 그들을 초청한다. 사실상 우리 안에 계신 하나님의 현존은 의식 그 자체보다도 깊다. 그것이 바로 예수가 아바라고 하신 그분, 우리 각자 안에 있는 그 하나님의 사랑스러운 현존인 것이다. 이것은 우리가 개인적으로 혹은 함께 기도할 때 우리 자신을 열게 하는 하나님의 신비를 위한 친밀감 있는 용어이다.

다양한 교파간의 교리적 논의들은 신학적 차원에서의 일치를 위해 분명히 계속되어야 한다. 그러면서 더 깊은 차원에서의 일치를 발견하기 위해 개신교 형제자매들과 우리가 역사적으로 받아 온 부정의 전통(apophatic tradition) 전체를 동등하게 공유하고자 하는 것이 우리의 목적이다.

관상지원단의 세 번째 목표는 보다 심오한 종교간 대화를 위해 기독교인들을 준비시키는 것이다. 매사추세츠 주 스펜서의 수도원에서 멀지 않은 곳에 불교 명상센터가 있다. 1970년대 그곳에서 설법을 전한 여러 명의 뛰어난 불교 지도자들이 기독교 수도원의 풍경이 어떠한 것인지 보기 위해 우리를 방문했다. 아마도 그 당시, 보다 중요한 종교간 대화가 이루어졌다. 종교간 대화를 위한 바티칸 공의회에서 자극을 받아 베네딕트, 시토 수도회 그리고 가르멜 수도회는 수사와 수녀들을 교환하여 다른 종교들의 수도승들과 대화할 것을 요청하였다. 이 장기간의 대화는 광범위한 관상의 경험을 가진 사람들로 하여금 영적 여정의 발전을 위해 그들 각자의 영적 전통 속에서 무엇이 가장 도움이 되었는지 서로 나누고, 그래서 서로 영감을 받았다. 우리는 동양의 영적 전통들이 그들의 명상 훈련의 다양한 측면들에 대해 강조한 바를 통해 기독교 관상 전통 속에 있는 심오한 몇 가지 가치 있는 통찰을 발견하였다. 자신의 종교 전통 속에서 영적 순례에 대한 이해를 풍부하게 하기 위해 종교간 대화를 통해 배울 수 있는 것이 아주 많았다. 최근까지도 우리는 서로 간의 심오한 지혜의 가르침에 대해 거의 무시하고 있었다. 우리는 여전히 세계의 주요 영적 전통들의 다음 단계를 이해하기 위해, 특별히 이것들이 하나님과의 궁극적 체험과 어떻게 연관되어 있는지를 파악하기 위해서 갈 길이 멀다. 하지만 기반을 점차로 만들어 가고 있다.

센터링 침묵기도가 어떤 종교와도 상관없는 사람들에게 제시될 수 있을까?

위에서 언급한 세 가지 목표를 통해 기독교 공동체 안에서 센터링 침묵기도가 모든 이들에게 가능하다는 의식이 생겨나는 데 도움이 되었기를 바란다. 더 깊은 기도 생활과 하나님과의 더 깊은 교제와 일치에 대한 굶주림이 바로 지금 엄청나며, 이러한 현상은 전 세계적인 듯하다.

이러한 현상은 나에게 자연 자체가 축복받은 것이라는 칼 라너(Karl Rahner)의 가르침에 심오한 진리가 있다는 확신을 주었다. 중세 신학은 자연과 은혜를 뚜렷하게 구별하였다. 최근 몇 세기 동안 가톨릭의 가르침은 그것들을 반대하는 것으로 인식하게 되었다. 하지만 만일 자연이 사실상 은혜의 산물이라면, 심지어는 종교와는 다른 원천을 통해서도 모든 이들은 하나님의 현존을 맛볼 수 있다. 하나님은 예전(rituals)과 세계의 다양한 종교들의 영적 훈련을 통해서 자신을 드러내신다. 하지만 하나님은 또한 사람들을 자연, 과학, 다른 이들에 대한 봉사, 영적 우정, 부부간의 사랑, 예술, 전문적 기술, 일, 놀이, 침묵, 고통, 그리고 하나님의 현존을 보여주는 다른 방법들을 통해서 사람들을 이끄신다. 우리는 그분의 자유를 제한하려는 생각을 해서는 안 되며, 오직 종교적인 신념이나 수행 속에서만 하나님이 역사하시도록 그분의 역사하심을 제한해서도 안 된다. 구약에서 증언하는 것처럼, 하나님이 인류와 맺으신 다양한 계약들을 기억할 필요가 있다. 노아, 아브라함, 모세, 멜기세덱과의 계약이 그 예이다. 무엇이 특정한 종교적 수행 없이 개인들 혹은 공동체들이 하나님과 계약을 맺는 것을 방해하는가? 요한복음서의 서문에 따르면, 하나님은 모든 사람들을 각성(enlightens)시켜서 세상으로 들어가도록 하신다고 가르친다. 모든 사람들은 태어났기 때문에 말씀(the Word)이신 그리스도와의 관계성 안에 있는 것이다.[3]

---

[3] "만물이 그로 말미암아 지은 바 되었으니 지은 것이 하나도 그가 없이는 된 것이 없느니라"(요 1:3) 참조(역자 주)

교도소 사역

교도소에서 센터링 침묵기도를 가르친 경험은 하나님이 어디에 있는 사람이든 만나실 준비가 되어 있다는 나의 신념을 강화했다. 처음 교도소 안에 센터링 침묵기도를 소개했을 때, 우리는 그곳에 있는 대부분의 사람들이 종교적인 예배를 위해 예배당에 가는 것에 관심이 없다는 것을 깨달았다. 그들은 어떤 종교 지도자도 닿기 힘든 곳에 있었다. 그들은 하나님이라든지 신앙, 용서, 종교와 같은 단어들에 질색했고 종교와 종교적 행위들에 대한 모든 것들을 싫어했다.

캘리포니아 레프리사(Represa)의 폴섬 주(Folsom State) 교도소에서 몇 명의 수감자들이 『센터링 침묵기도』라는 책을 찾아서 스스로 센터링 기도를 훈련하기 시작했다. 그들은 관상기도 지도자가 와서 그들에게 센터링 침묵기도를 정식으로 소개해 주기를 요청했다. 그 그룹은 관상기도 모임으로 알려지게 되었다. 그들은 일주일에 하루 저녁 만나서 20분간 센터링 침묵기도 후에 그들의 경험을 나누었다(엄중한 감시 대신 다소 자유로운 환경이 제공되었다). 핵심 그룹이 그들의 동료 수감자들에게 어떻게 센터링 기도를 하는지를 책임지고 가르치게 되었다. 다른 수감자들이 이들의 삶의 변화를 감지하게 되자, 그들 중 몇몇은 이러한 변화에 영향을 미치는 센터링 침묵기도에 관심을 가지기 시작했다. 그리고 그들이 모임에 참석하고 그들 스스로 센터링 침묵기도를 경험하게 되자, 변화는 이미 시작되었다. 그들은 덜 공격적이고 덜 분노하며 덜 좌절하였고, 더욱 밝아지고 더욱 신중해졌다. 그 중 몇 사람은 교회 예배에 참석하기 시작했다.

모든 이들을 구하겠다는 하나님의 결단(딤전 2:4)은 일반적으로 모든 사람들을 구한다는 것이 아니라, 인류 각 사람들을 그들의 가장 깊은 곳에서부터 변화시키고 온전한 하나님의 삶과 사랑의 충만함으로 이끄신다는 것을 의미한다. 하나님은 우리가 그분의 권능 안에서 사람들, 그저 그들이 있는 곳으로 모든 가능한 방법을 동원해서 그들을 접촉하기를 원하고 계시는 듯하다. 만일 그들이 어떤 종교도 가지고 있지 않다면, 하나님의 현존은 다른 여러 방법으로 그들을 만나기 위해 노력하실 것이다. 익명의 알코올 중독자들의 12단계(the Twelve Steps of Alcoholics Anonymous)라고 불리는 프로그램에서 놀라운 결과가 나왔다. 이것이 지금은 모든 종류의 중독 행위를 치유하는 프로그램으로 발전했는데, 이 프로그램의 원칙적 요구는 더 높은 분의 능력(Higher Power), 즉 우리 스스로 자신이 되는 것을 경험하는 것보다 더 높은 능력을 가진 분이 있을 수 있음을 믿는 것이다.4)

---

4) 12단계 프로그램을 통해 실제로 하나님의 능력에 의존하고 기도하는 자세

규칙적으로 침묵을 수련함으로써 굳어진 자아의 자기 중심성을 내려놓게 되고, 하나님께서 시작하실 기회를 드리는 것이다. 그리고 이 수련과 더불어 우리의 가장 깊은 자아 안에 있는 하나님의 이미지 자체가 재언명되기 시작한다. 하나님의 형상은 결코 없어지지 않기 때문에, 그것은 항상 다시 깨어날 수 있다. 나의 결론은 하나님의 자비는 우리가 감히 상상할 수 있는 것보다 훨씬 더 멀리까지 가닿을 수 있다는 점에서 이에 대한 우리의 생각을 확장할 필요가 있다는 것이다. 사실상 누구도 하나님의 자비의 끝을 알 수 없다.

모든 사람들에게 센터링 침묵기도의 가능성과 기회가 있는 것처럼, 우리는 또한 그 기도의 영향력이 모든 피조물들, 특별히 이 지구상에 있는 것들—동물, 식물, 광물, 땅, 공기, 물—그리고 원자 보다 작은 세계와 모든 은하계까지도 포함하는 것을 잊지 말아야 한다. 아무리 광대하고 아무리 작을지라도 우리는 경외심과 사랑으로 하나님의 모든 피조물들을 품어 안아야 한다. 모든 것은 서로 연결되어 있으며 서로 의존적이다. 왜냐하면 모든 것은 같은 근본(Source)[5]을 가지고 있기 때문이다.

다음은 관상지원단의 비전을 요약한 본문이다.

를 의미함.(역자 주)
[5] 하나님으로부터 창조되었기 때문이다.(역자 주)

관상지원단은 센터링 침묵기도 수련을 통해 매일의 삶 속에서 복음의 관상적 차원을 살기로 한 개인들과 작은 신앙 공동체들의 영적 네트워크이다. 복음의 관상적 차원은 살아계신 그리스도와의 깊은 일치 안에서, 그리고 그리스도와의 교제에서 흘러나오는 다른 이들에 대한 실제적 돌봄 속에서 명백히 나타낸다.

우리의 목적은 센터링 침묵기도의 방법과 개념적 배경을 나누는 것이다. 우리는 또한 거룩한 독서(*Lectio Divina*)를 권장하고, 특히 거룩한 독서 수련이 센터링 침묵기도를 규칙적으로 수련함으로 이르게 되는 관상기도로 발전되어 가는 기도가 되도록 권장한다.

우리는 기독교 관상기도의 전통에 일체감을 갖는다. 우리는 각각 다른 교단에 속해 있지만 하나님을 향한 공통적인 갈구와 센터링 침묵기도를 통해 살아계신 그리스도를 경험함으로써 연합되었다. 우리는 다른 종교들과 거룩한 전승들의 관상적인 차원, 모든 인류의 필요와 권리들, 그리고 모든 피조물들과의 우리의 연대성을 확고히 한다.

바울은 조만간 어느 시점에 혹은 시간의 완성 후에 "하나님이 만유의 주로서 만유 안에 계시려 하심이라"(고전 15:28)고 썼다. 하나님은 사랑이시기 때문에 무조건적 사랑이시며 또한 만유의 주가 되신다. 이 정복할 수 없는 소망은 만유를 하나 되게 하는 일치의 길과 만유의 무한한 다양성을 받아들이는 길을 모든 사람들에게 제공하려는 노력을 북돋워 준다.

부록 1
순수한 기도

　센터링 침묵기도의 방법은 존 카시안과 성 베네딕트의 규율(Rule of St. Benedict)에서 "순수한 기도"(Pure Prayer)라고 불렀던 기도와 같은 것이다. 카시안의 회의록 9번에 소개된 "순수한 기도" 방법은 후기 전승, 특히 16세기 십자가의 성 요한과 14세기 무명의 작가에 의해 씌어진 『무지의 구름』[1](*The Cloud of Unknowing*)에서 좀 더 발전되었다(참고. 『사랑의 살아있는 불꽃』(*The Living Flame of Love*, stanza iii, 26-59). 센터링 침묵기도 방법은 이것들과 기독교 관상 전통에서 나온 다른 자료들이 통합된 것이다.

　카시안의 회의록[2]중 회의록 9번에 아바 이삭(Abba Issac)

---

1) 『무지의 구름』, 성찬성 옮김(바오로 딸, 1997)(역자 주)

2) John Cassian, *Conferences*, translated by Colm Luibheid, Classics of Christian Spirituality, Paulist Press, 1985.

의 다음의 말을 인용하고 있다.

> 우리는 골방으로 가서 문을 닫고 아버지께 기도하라(마 6:6)는 가르침과 그리고 이렇게 우리가 기도할 수 있는 것이라고 가르치신 복음의 교훈을 주의 깊게 따를 필요가 있다.
>
> 우리가 격정과 소란스러운 마음의 생각과 걱정들로부터 완전히 마음을 정리하게 될 때는 언제든, 그리고 비밀스럽고 친밀하게 우리의 기도를 하나님께 드릴 수 있는 때에 우리는 골방에서 기도하게 된다.
>
> 우리는 우리의 마음으로만 잠심이 되어 차분해진 영혼 가운데 은밀하게 기도한다. 우리는 하나님께 고하고 오직 그분께만 우리의 소망을 드러낸다. 그리고 그러한 방식으로 기도할 때에 악한 세력들은 그 힘을 발휘하지 못한다. 그래서 우리는 완전한 침묵 가운데 기도해야 한다.…특히 우리가 기도할 때 우리를 공격하기 위해 도사리고 있는 적들로부터 숨겨진 항변의 일격을 확인하기 위해서 말이다. 이러한 방식으로 우리는 다음의 명령을 지켜야 한다. "네 품에 누운 여인에게라도 네 입의 문을 지킬지니라"(미 7:5).

부록 2
센터링 침묵기도 방법

동의하는 기도

"너희는 가만히 있어 내가 하나님 됨을 알지어다"(시 46:10)

관상기도

우리는 기도를 말로 표현된 생각이나 감정들로 생각하곤 한다. 하지만 그것은 다만 여러 가지 기도 중 하나일 뿐이다. 기독교 전통에서 관상기도는 하나님의 순전한 선물로 여겨진다. 그것은 생각과 말, 감정들을 넘어서서 하나님, 궁극적 신비에게 정신과 마음, 즉 우리의 전 존재를 여는 것이다. 우리는 은혜를 통해서 우리 안에 있는, 호흡보다 가깝고 사고보다 가까우며 선택과 의식 그 자체보다 가까운, 믿음으로 아는 하나님을 알도록 우리 자신을 열게 된다.

센터링 침묵기도

센터링 침묵기도는 우리 기능들이 관상을 선물로 받도록 준비하는 기도이며, 관상기도로 인도하는 기도 방법이다. 이것은 전통적인 관상기도를 현대화한 것이다. 센터링 침묵기도는 다른 형식의 기도를 대체하기 위한 것이 아니다. 그보다는 다른 모든 기도에 새로운 빛과 더 깊은 의미를 준다. 이것은 동시에 하나님과의 교제이며, 그 교제를 발전시키기 위한 훈련이다. 이 기도의 방법은 그리스도와 나누는 대화를 넘어서서 그분과 하나가 되는 기도 운동이다.

신학적 배경

센터링 침묵기도의 근원은 기독교 관상기도로 이끄는 모든 기도 방법들과 같이 하나님의 현존이신 성부, 성자, 성령 삼위일체이다. 센터링 침묵기도의 초점은 살아계신 그리스도와 깊은 교제를 나누는 것이다. 이것은 상호 우정과 사랑 안에서 신앙 공동체를 세우고 회원들을 하나 되게 한다.

성경 안에서 하나님의 말씀 듣기

성경 안에서 하나님의 말씀을 듣는다(렉시오 디비나)는 것은 그리스도와의 우정을 다져 가는 전통적인 방법이다. 이는 마치 우리가 그리스도와 대화 중에 있는데, 그가 대화의 주제를 던지고 있는 것과 같이 성경의 본문을 듣는 방식이다. 그리스도와 매일 대면하며 그의 말씀을 듣고 묵상하는 것은 단순한 첫 대면과 같은 어색한 관계를 넘어서 우정과 신뢰, 사랑의 태도로 발전하게 한다. 점점 서로간의 대화는 단순화되고 하나가 되어 간다(communing). 기독교 관상 전통을 요약한 대 그레고리(6세기)는 이를 "하나님 안에서의 쉼"이라는 말로 요약한다. 이것은 처음 16세기 동안 기독교 전통 안에서 관상기도의 의미였다.

예수의 지혜의 말씀

센터링 침묵기도는 예수의 산상수훈에 기반을 둔다.

> "너는 기도할 때에 골방에 들어가 문을 닫고서, 숨어서 계시는 네 아버지께 기도하여라. 그리하면 숨어서 보시는 너의 아버지께서 너에게 갚아 주실 것이다"(마 6:6).

이는 또한 존 카시안, 『무지의 구름』을 쓴 무명의 작가, 프란치스코 데 살레스(Francis de Sales), 아빌라의 테레사(Teresa of Avila), 십자가의 요한, 소화 테레사(Therese of Lisieux), 그리고 토머스 머튼(Thomas Merton)을 포함하여 기독교 관상 전통에 주요한 공헌을 한 가르침들에 의해서도 영향을 받은 것이다.

지침/안내

1. 우리의 내면에서 현존하고 역사하시는 하나님께 동의한다는 의도를 나타내는 상징으로서 거룩한 단어를 선택하라.
2. 편안하게 앉아서 눈을 감고 안정을 취하라. 그리고 내면에 하나님의 현존과 역사하심에 당신이 동의한다는 상징으로 거룩한 단어를 조용히 도입하라.

3. 내면에 사고(思考)가 떠올랐음을 인식하면 아주 부드럽게 거룩한 단어로 돌아가라.
4. 기도를 마칠 때에는 2-3분간 눈을 감은 채 침묵 속에 머무르라.

센터링 침묵기도 지침/안내

I. 우리의 내면에 하나님의 현존과 역사하심에 동의한다는 당신의 의도를 나타내는 상징으로서 거룩한 단어를 선택하라(『센터링 침묵기도』, 제5장을 참조하라).

1. 거룩한 단어는 하나님의 현존 안에 거하고 그분의 역사하심에 순응하려는 우리의 의도를 표현한다.
2. 거룩한 단어의 선택은 성령께서 우리에게 특별히 적합한 한 단어를 떠오르게 해달라는 기도를 통해 이루어져야 한다.
   a. 거룩한 단어의 예: 하나님, 예수, 아바, 아버지, 어머니, 아멘.
   b. 그밖에 거룩한 단어로 적합한 것들: 사랑, 평화, 듣다, 자비, 침묵, 신앙, 신뢰, 예.
3. 어떤 이들에게는 단지 내면적으로 하나님을 한번 바라보는 것이 거룩한 단어를 떠올리는 것보다 훨씬 효과적일 수 있다.

똑같은 지침이 거룩한 단어와 같은 상징에 적용된다.
4. 거룩한 단어는 내적인 의미 때문이 아니라 우리의 의도와 동의의 표현이라는 점에서 거룩하다.
5. 일단 거룩한 단어를 선택했으면, 기도 시간 중에는 그것을 바꾸지 않는다. 단어를 바꾸면 사고(思考)를 다시 시작하게 되기 때문이다.

II. 편안하게 앉아서 눈을 감고 안정을 취하라. 그리고 내면에 하나님의 현존과 역사하심에 당신이 동의한다는 상징으로 거룩한 단어를 조용히 도입하라.

1. "편안하게 앉아서"는 상대적으로 편안한 자세를 의미한다. 즉 잠이 올 정도로 편안한 자세를 취하라는 것이 아니라 기도 시간 동안 우리가 몸이 불편하다는 생각을 하지 않을 수 있을 정도로 편안하게 앉으라는 뜻이다.
2. 어떤 자세로 앉아 있기를 선택했든지 등은 항상 곧게 펴고 있어야 한다.
3. 주변 환경과 우리 안에 있는 것을 내려놓는 상징으로 눈을 감는다.
4. 거룩한 단어를 내면에 도입할 때는 마치 솜 위에 깃털 하나를 올려놓듯이 부드럽게 하라.
5. 기도 중에 잠들게 될 경우, 잠에서 깨어나서 몇 분간 계속 기도

한다.

Ⅲ. 내면에 사고(思考)가 떠올랐음을 인식하면 아주 부드럽게 거룩한 단어로 돌아가라.

1. "사고"는 감각적 인지, 감정, 이미지, 기억, 성찰, 개념, 비평, 그리고 영적 경험 등을 포함한 모든 인지 능력들을 포괄하는 용어이다.

2. 사고들은 센터링 침묵기도의 피할 수 없는 구성 요소로서 정상적인 부분이다.

3. "아주 부드럽게 거룩한 단어로 되돌아가는 것"은 최소한일망정 노력이 개입되는 행위이다. 이것이 센터링 침묵기도를 하는 동안 우리가 시행하는 유일한 활동이다.

4. 센터링 침묵기도 과정 속에서 거룩한 단어는 희미해지거나 아주 사라져 버릴 수도 있다.

Ⅳ. 기도를 마칠 때에는 2-3분간 눈을 감은 채 침묵 속에 머무르라.

1. 이 추가적인 2분은 우리가 침묵의 분위기를 일상의 삶에 가져올 수 있게 하는 시간이다.

2. 그룹으로 센터링 침묵기도를 실시한다면, 인도자가 2-3분간 주님의 기도를 하고 다른 사람들은 그냥 듣는다.

실천을 위한 몇 가지 주의사항

1. 센터링 침묵기도에 필요한 최소한의 시간은 20분이다. 날마다 아침과 오후 또는 이른 저녁에 한 번씩, 하루에 두 번을 실시할 것을 권장한다. 실제로 시간은 30분 또는 조금 더 연장할 수 있다.
2. 기도 시간 종료를 알리기 위해 타이머를 사용할 수 있으나, 분침이 돌아가는 소리가 들린다든지 알람이 울릴 때 시끄러운 소리가 난다든지 하는 것은 좋지 않다.
3. 신체적인 징후들:
   a. 신체의 다양한 부위에 경미한 통증이나 가려움, 경련을 느끼거나 또는 안절부절 못 하는 상태가 되기도 한다. 이것은 보통 몸 안에서 감정적 매듭이 풀어지는 현상에서 기인한다.
   b. 신체 말단 부위(손, 발 등)에 무거움 또는 가벼움을 느끼기도 한다. 이것은 보통 영적 집중의 차원이 깊어짐에 따라 일어난다.
   c. 둘 중 어느 경우든 주의를 기울이지 말거나 마음으로 감각 속에 잠시 머무르다가 거룩한 단어로 되돌아온다.
4. 센터링 침묵기도의 주된 효과는 일상생활 속에서 경험되는 것이지 센터링 침묵기도 자체에서 경험되는 것이 아니다.
5. 센터링 침묵기도는 하나님의 언어인 침묵과 친밀감을 갖게

한다.

센터링 침묵기도의 심화를 위한 요점들

1. 센터링 침묵기도를 하는 동안 다양한 종류의 사고들이 일어날 수 있다(『센터링 침묵기도』, 6-10장을 참조하라).
   a. 상상이나 기억의 일상적인 분심.
   b. 매력이나 혐오감을 유발하는 사고들.
   c. 통찰이나 심리적 깨달음.
   d. "내가 어떻게 하고 있는 거지?" 혹은 "이런 평화는 정말 대단하구나!" 이와 같은 자기 성찰.
   e. 무의식을 덜어내면서 솟아오르는 사고와 감정들. 내면에 사고(思考)가 떠올랐음을 인식하면 아주 부드럽게 거룩한 단어로 돌아가라.

2. 이 기도를 하는 동안 우리의 경험을 분석하거나 기대를 품는 것, 혹은 다음과 같은 어떤 구체적 목표를 겨냥하는 것을 피한다.
   a. 거룩한 단어를 끊임없이 반복하는 것
   b. 아무런 사고도 하지 않기
   c. 마음을 공백 상태로 만들기

d. 평화롭거나 위로받고 있다고 느끼기

e. 영적인 경험에 도달하기

하나님과의 교제를 심화하기 위한 방법들

1. 매일 20-30분 센터링 침묵기도를 실시하라.
2. 규칙적으로 성경의 하나님의 말씀을 듣고, 『센터링 침묵기도』 책을 가지고 공부하라.
3. 『센터링 침묵기도』 제12장에서 제안한, 매일 매일의 생활을 위한 구체적인 훈련들 중 한두 가지를 수련하라.
4. 지속적인 센터링 침묵기도 모임, 지원 그룹이나 후속 프로그램에 가입하라(당신이 거주하는 지역에 그런 것이 있다면).

    a. 그룹 모임은 그룹 구성원들이 끈기를 가지고 개인적으로 센터링 침묵기도를 할 수 있도록 격려한다.

    b. 그룹 모임은 테이프를 듣거나 독서 또는 토론을 통해 규칙적으로 센터링 침묵기도에 관한 보다 심층적인 지식을 얻을 수 있도록 기회를 제공한다.

    c. 이러한 모임은 영적 여정을 나누고 지지를 받을 수 있는 기회를 제공해 준다.

센터링 침묵기도의 실과 허

- 센터링 침묵기도는 기술이 아니라 하나님과의 교제인 동시에 그 교제를 키워 나가는 수련이다.
- 센터링 침묵기도는 기분을 새롭게 할 수는 있지만, 긴장 이완 훈련이 아니다.
- 센터링 침묵기도는 자기 최면의 형태가 아니라 깨어 있게 하면서 마음을 조용하게 하는 방법이다.
- 센터링 침묵기도는 영적인 은사가 아니라 변형의 길이다.
- 센터링 침묵기도는 초(超) 심리학적 현상이 아니라 믿음, 소망, 사랑의 수련이다.
- 센터링 침묵기도는 하나님의 현존을 "느끼는 데" 국한되지 않고, 오히려 하나님의 영원한 현존에 대한 믿음을 심화하는 것이다.
- 센터링 침묵기도는 성찰적 또는 자발적인(spontaneous) 기도가 아니라 단순히 하나님 안에서 쉬는 기도이다.

더 많은 정보와 자료를 위한 연락처:

Contemplative Outreach, Ltd.
10 Park Place
P.O. Box 737
Butler, NJ 07405

Tel: (973) 838-3384/ Fax: (973) 492-5795
Email: office@courtreach.org
Website: www.contemplativeoutreach.org